FÜR
CHRISTINE

Reinhard Mey

Neue und alte Chansons

VOGGENREITER VERLAG BONN-BAD GODESBERG

Umschlag: Wilden/Siegel
Titelfoto: Joschi Jaenicke
Fotos: Intercord/ Helmut König
Copyright 1974 by Voggenreiter Verlag, Bonn-Bad Godesberg
ISBN 3 8024 00410

Manchmal wünscht ich

Manchmal wünscht' ich, meine Gedanken wär'n ein Buch
Und du könntest darin lesen,
Was ich glaub', was ich denk', was ich zu tun versuch',
Was richtig und was falsch gewesen.
Du könntest darin blättern und dich sehn,'
Es erzählt dir Zeile für Zeile,
Gedanken, die ich mit dir teile,
Ohne daß Worte deren Sinn verdrehn.
Manchmal wünscht' ich, meine Gedanken wär'n ein Buch,
Aber nun hab' ich unterdessen,
Während ich die richtigen Worte dafür such',
Meine Gedanken schon vergessen.

Manchmal wünscht' ich, meine Zeit wäre wie Eis
Und würde nicht von selbst verfließen,
Nur wenn ich ein Stück davon bräuchte,
Gäb' ich preis' und ließ' es tauen und zerfließen.
Ich nähm' ein Stück und taute es zu Zeit,
Und vielleicht fänd' ich meine alten Versprechen,
Die ich nicht gehalten, noch einzulösen die Gelegenheit.
Manchmal wünscht' ich, meine Zeit wäre wie Eis,
Dann hätt' ich soviel Zeit gewonnen,
Doch während ich darüber nachdenk',
Ist ganz leis ein Stück unserer Zeit zerronnen.

Manchmal wünscht' ich, meine Liebe wär' ein Haus
Mit hellen Fenstern, hohen Türen,
Und du säh'st, Dach und Giebel ragen hoch hinaus,
Könntest sie sehen und berühren.
Dann hättest du den Schlüssel für das Tor
Zu allen Zimmern, allen Schränken,
Und deine Freiheit einzuschränken,
Legtest nur du die Riegel selber vor.
Manchmal wünscht' ich, meine Liebe wär' ein Haus
Mit Giebeln, die zum Himmel ragen.
Mal' ich dir meine Liebe schon vergebens aus,
Will ich sie dir wenigstens sagen.

Ich wollte wie Orpheus singen

Ich wollte wie Orpheus singen,
Dem es einst gelang,
Felsen selbst zum Weinen bringen
Durch seinen Gesang.

Wilde Tiere scharten sich
Friedlich um ihn her.
Wenn er über die Saiten strich,
Schwieg der Wind und das Meer.

Meine Lieder klingen nach Wein
Und meine Stimme nach Rauch,
Mag mein Name nicht Orpheus sein,
Mein Name gefällt mir auch!

Meine Lyra trag' ich hin,
Bring sie ins Pfandleihhaus.
Wenn ich wieder bei Kasse bin,
Lös' ich sie wieder aus.

Meine Lieder sing ich Dir,
Von Liebe und Ewigkeit;
Und zum Dank teilst Du mit mir
Meine Mittelmäßigkeit.

Kein Fels ist zu mit gekommen,
Mich zu hören, kein Meer!
Aber ich hab' Dich gewonnen,
Und was will ich noch mehr?!

Ich wollte wie Orpheus singen

Ich wollte wie Orpheus singen, dem es einst gelang,

Felsen selbst zum Weinen zu bringen durch seinen Gesang.

Meine Lieder klingen nach Wien, und meine Stimme nach Land,

 mag mein Name nicht Orpheus sein, mein Name gefällt mir auch!

Mein achtel Lorbeerblatt

Dem einen sitzt meine Nase zu weit links im Gesicht,
Zu weit rechts erscheint sie dem andern und das gefällt ihm nicht.
Und flugs ergreift das Wort der Dritte und er bemerkt alsdann:
Sie sitzt zu weit in der Mitte und ich sollt' was ändern dran.
Und ich bedenk' was ein jeder zu sagen hat und schweig fein still
Und setz' mich auf mein achtel Lorbeerblatt und mache was ich will.

Einen hör' ich sagen, ich sei der alte nicht mehr,
Den anderen hör' ich wieder klagen, daß ich noch der alte wär'.
Dann meckert ein Musikkritiker, dem's an Argumenten gebricht:
„Sie war'n vor Jahr'n doch 'mal dicker": Da widersprech' ich ihm nicht.
Und ich bedenk, was ein jeder zu sagen hat . . .

Dem einen ist meine Hose schon längst zu abgenutzt,
Dem andern wieder bin ich zu prächtig rausgeputzt.
Der Dritte hat was gegen Westen und einen Rat für mich bereit:
Ich gefiele ihm am allerbesten im langen Abendkleid.
Und ich bedenk, was ein jeder zu sagen hat . . .

Mit großer Freude sägen die einen an meinem Ast,
Die andern sind noch beim Suchen, was ihnen an mir nicht paßt,
Doch was immer ich tuen würde, ihre Gunst hätt' ich schon verpatzt,
Also tu' ich, was ein Baum tun würde, wenn ein Schwein sich an ihm
kratzt.
Und ich bedenk, was ein jeder zu sagen hat . . .

Es gibt noch ein paar Leute, und an die hab' ich gedacht,
Für die hab' ich meine Lieder so gut es geht gemacht,
Die beim großen Kesseltreiben nicht unter den Treibern sind.
Solang' mir ein paar Freunde bleiben, hängt meine Fahne nicht im Wind.
Und ich scher' mich den Teufel um Goliath und schweig' fein still.
Habt Dank für das achtel Lorbeerblatt, auf dem ich tun kann, was ich
will.

Mein achtel Lorbeerblat

Dem einen sitzt meine Nase zu weit

Einem im Gesicht, zu weit rechts erscheint sie dem

andern und das gefällt ihm nicht und

flugs ergreift der Wald der Hütte und der be-

merkt sodann: sie sitzt zu weit zu der

Mitte und ich sollt' was ändern daran sie sitzt

zu sehr in der Mitte und ich sollt was ändern daran.

Ein Tag

Vom Haustor zur Kneipe, genau zwanzig Schritte,
Von der Kneipe zur Kirche, zur Bank in der Mitte,
Von der Kirche zur Kneipe, quer über den Platz,
Ein Glas im Stehen, noch eins als Ersatz
Für das vor der Messe, auf einen Schluck aus;
Von der Kneipe genau zwanzig Schritte nach Haus.
Der Pflasterstein nach dem elften Schritt links,
Der hebt sich hervor wie ein Prophet,
Und gläubiges Moos umwächst ihn rings,
Das wartet, daß die Zeit vergeht.
Und die Balken im Fachwerk biegen sich schräg
Aus Langeweile und Überdruß;
Der Brunnen fließt widerwillig und träg,
Und Neptun darin wird zu Tantalus.

Vom Herd zum Tisch, zum Buffet in der Ecke,
Vom Schrank zum Tisch, auf ein Tuch ohne Flecke.
Bei Tisch ein paar Worte von dem, der nie wußte,
Warum er nicht wollte und warum er mußte.
Vom Tisch zum Likörschrank, vorsichtig und leise,
Und wieder zurück als einzige Reise.
Und dann füllen sie sich mit saurem Kaffee,
All' die Sammeltassen mit goldenem Rand,
Dann ersticken Plüschkissen und Kanapee,
Und es zögert die Jahresuhr an der Wand:
Dann räkeln sich die Porzelanfigurinen,
Und trockenes Gebäck zerkrümelt auf Tellern,
Trolln Tassen und Gläser sich in die Vitrinen,
Und der Wein altert weiter in muffigen Kellern.

Vom Sessel zum Fenster, die Nacht bricht herein.
Ein Besoffner fällt über den Pflasterstein
Beim elften Schritt links, dann ist's ruhig, wie's war,
Wie gestern, wie morgen, wie voriges Jahr.
Vom Fenster zur Turmuhr, ein Blick, es ist spät, —
Vom Fenster zum Sessel, vom Sessel zum Bett.

Bevor ich mit den Wölfen heule

Bevor ich mit den Wölfen heule,
Werde ich lieber harzig, warzig, grau,
Verwandele ich mich in eine Eule
Oder vielleicht in eine graue Sau.
Ich laufe nicht mit dem Rudel,
Ich schwimme nicht mit im Strudel,
Ich habe noch nie auf Befehl gebellt.
Ich lasse mich nicht verhunzen:
Ich will nach Belieben grunzen
Im Alleingang, wie es mir gefällt!

Ich will in keinem Haufen
Raufen,
Laß mich mit keinem Verein
Ein!

Rechnet nicht mit mir beim Fahnenschwenken,
Gleich welcher Farbe sie auch sei'n.
Ich bin noch imstand, allein zu denken,
Und verkneif' mir das Parolenschrein.
Und mir fehlt, um öde Phrasen,
Abgedroschen, aufgeblasen,
Nachzubeten jede Spur von Lust.
Und es paßt, was ich mir denke,
Auch wenn ich mich sehr beschränke,
Nicht auf einen Knopf an meiner Brust!

Ich will in keinem Haufen
Raufen,
Laß mich mit keinem Verein
Ein!

Bevor ich trommle und im Marschtakt singe
Und blökend mit den Schafen mitmarschier,
Geschehn noch viele ungeschene Dinge,
Wenn ich mir je gefall als Herdentier.
Und so nehm ich zur Devise
Keine andere als diese:

Wo schon zwei sind, kann kein dritter sein.
Ich sing weiter ad libitum,
Ich marschiere verkehrt herum,
Und ich lieb dich weiterhin allein!

Ich will in keinem Haufen
Raufen,
Laß mich mit keinem Verein
Ein!

Erinnert euch daran: Sie waren zwölfe:
Den dreizehnten, den haben sie eiskalt
Verraten und verhökert an die Wölfe.
Man merke: Im Verein wird keiner alt!
Worum es geht, ist mir schnuppe:
Mehr als zwei sind eine Gruppe.
Jeder dritte hat ein andres Ziel,
Der nagelt mit Engelsmiene .
Beiden eine auf die Schiene!
Nein, bei drei'n ist stets einer zuviel!

Ich will in keinem Haufen
Raufen,
Laß mich mit keinem Verein
Ein!

In Tyrannis

Von Wand zu Wand sind es vier Schritte
Von Tür zu Fenster sechseinhalb
Aber das Fenster ist zu hoch
Und viel zu weit fort von der Pritsche
Um dadurch irgendwas zu sehen
Außer dem Stückchen grauen Himmel.
Jetzt wird es wohl sieben sein.
Sie haben mir die Armbanduhr
Und meine Kleider weggenommen
Und mich in Drillichzeug gesteckt.

Ich weiß nicht, was sie von mir wollen,
Wozu die ganze Fragerei?
Wozu das endlose Verhör,
Wenn ich nicht weiß, wovon sie reden?
Ich weiß nicht, was sie von mir wollen.
Nur ein paar Stunden kann es her sein,
Daß sie mich holten heute Nacht.
Sie haben mich hierher geschafft
Mit ihren vorgehalt'nen Waffen,
So, wie man einen Mörder fängt.

Ich habe aufgehört zu schreien
Und meine Hände tun mir weh
Vom Trommeln an die Zellentür.
Ich hab' das Essen ausgegossen
Und meinen Essensnapf zerschlagen.
Sie haben mir das Haar geschoren
Und mich verprügelt Mann für Mann
Und weil ich nichts zu sagen wußte,
Nahmen sie mir die Baumwolldecke.
Nachts ist es kalt in meiner Zelle.

Heut' habe ich den Fraß gegessen:
Kohlrabi und schimmliges Brot.
Nach dem Verhör von heute früh
Fand ich mein Fenster zugehangen
Um Tag und Nacht nicht mehr zu trennen.

Nicht ein Geräusch dringt durch die Wände,
Nur meinen Atem kann ich hören,
Und um die Glühbirne, die nackt
Über mir hängt an einem Kabel,
summt ungeduldig eine Fliege.

Nur manchmal hör' ich draußen Schritte,
Dann kommen sie, um mich zu holen,
Und stell'n mich vor ein Mikrofon
Und fragen tausendmal dasselbe.
Erst wenn ich falle, darf ich sitzen
Dann führen sie mich in die Zelle,
Und dann entfernen sich die Schritte.
Dann kommen sie nach Stunden zurück
Oder vielleicht schon nach Minuten,
Und dann beginnt alles von neuem.

Dann verbinden sie mir die Augen
Und führen mich über den Flur
Und spielen mir ein Tonband vor
Und schließlich kann ich meine Stimme
Nicht mehr von ihren unterscheiden.
Den Sinn für Zeit hab ich verloren.
Was für ein Pech die Fliege hat,
Die immer um die Lampe kreist,
In meine Zelle zu geraten,
Nun, mitgefangen, mitgehangen.

Und sie zertraten meine Brille
Und haben widerlich gelacht,
Als sie mir meinen Ehering
Mit einer Kneifzange zerschnitten,
Weil ich ihn nicht abstreifen konnte.
Ich werde irgend'was gestehen,
Damit sie mich nicht länger quälen.
Ich freu' mich, wenn es Suppe gibt,
Und sie mir meine Decke bringen.
Ich werde einfach unterschreiben.

C'était une bonne année, je crois

La neige devant ma fenêtre
Habille le jardin de blanc
Et le brouillard fait disparaître
Les arbres penchés sous le vent.
Sur les carreaux givrés d'étoiles,
Des fleurs que dessine le froid;
Devant mes yeux l'année se voile,
C'était une bonne année, je crois!

L'année se meurt, l'hiver l'entraine,
Je pense à mes espoirs déçus,
A mes chagrins, à quelques peines,
Aux joies et au bonheur connus.
Et si mes poches restent vides
J'ai gagné mille souvenirs,
Si mon visage a pris quelques rides,
Ce sont les traces des sourires!

Les rires et les chansons s'égarent
Au dernier souffle de l'année;
La neige tombe en ma mémoire
Sur toutes mes erreurs passés.
Du vin nouveau dort dans ma cave;
Un grand feu dans ma cheminée,
Sur ma guitarre quelques octaves
Sont mes richesses bien gardées!

Tes doigts se glissent dans mes cheveux,
Tu mets ton bras autour de moi,
Je jette une bûche sur le feu,
C'était une bonne année, je crois!

Platz für sie

In meinem Kopf ist Platz für ihren Namen,
In Schönschrift steht er dort auf einem Schild.
In meinem Herz ist Platz für einen Rahmen,
Und in dem Rahmen hängt von ihr ein Bild! —

In meinen Schuh'n ist Platz für fünf Paar Zehen,
Und für fünf Finger Platz an jeder Hand,
Platz auf dem Kopf, um wirres Haar zu säen,
Doch nur für sie ist Platz in meinem Verstand!

Auf meinen Saiten ist Platz für drei Oktaven:
Macht sechsunddreißig Töne, neun mal vier!
Die lästerlichen Lieder und die braven,
Mich selbst dazu, das alles schenk ich ihr!

An meinem Tisch ist Platz für ihren Teller,
Der reicht schon, rückt sie noch zu mir heran.
Und sicher ist für zwei noch Wein im Keller.
Und Platz ist . . ., doch das geht nur uns was an!

Erzählt, soviel ihr wollt, von andren Damen,
Mich rührt's nicht, meine Liebe gab ich ihr:
Dafür hängt jetzt in ihrem Herzen ein Rahmen,
Und in dem Rahmen hängt ein Bild von mir!

Ich bin aus jenem Holze

Ich bin aus jenem Holze geschnitzt,
In das man ein Herz und zwei Namen ritzt.
Nicht nobel genug für Schachfiguren
Und viel zu knochig für Kuckucksuhren,
Zu störrisch, als daß man Holz auf mir hackt,
Gerade recht für ein Männchen, das Nüsse knackt.

Ich bin aus jenem Holze geschnitzt,
Aus dem man kaum Pfeile und Bogen schnitzt.
Ich hab' mich nicht gekrümmt beizeiten,
Und wie sie mir alle prophezeiten,
Wurde bislang auch kein Haken aus mir,
Doch ein Galgen auch nicht, – und das lobe ich mir.

Ich bin aus jenem Holze gebaut,
Aus dem man wohl keine Madonnen haut.
Ich glaube, da taugt mein Stamm schon besser
Für Holzschuh' und für bauchige Fässer
Und für die zwei Stühle nicht zuletzt,
Zwischen die man sich von Zeit zu Zeit setzt.

Ich bin aus jenem Holze gemacht,
Aus dem man so ziemlich alles macht:
Von Suppenlöffeln zu Tabakspfeifen,
Von Kuchenformen zu Kinderreifen,
Bis zu Körben, die man aus Spänen flicht:
Das alles, nur Kerkertüren nicht.

Ich bin aus jenem Holze geschnitzt,
In das man ein Herz und zwei Namen ritzt.
War's gut oder nicht, das wird sich zeigen,
Und sollte mein Rauch nicht zum Himmel aufsteigen,
Dann diene den Vögeln mein trockenes Geäst. –
Und das sei mein Trost, – noch zum Bau für ein Nest.

LEBENSLAUF

Geburtsdatum: 21.12.1942
Geburtsort: Berlin
Persönliche Kennzeichen: kurzsichtig
Gegenwärtiger Wohnort(e): Berlin, Paris
Instrumente: Gitarre, Trompete, Klavier
Aufgewachsen: in Berlin
Schulbildung: Abitur, 6 Semester Betriebswirtschaft studiert
Erster Auftritt: Waldeck 1964
Erster profess. Auftritt: Knokke-Festival 1967
Hobbies: Basteln, Fernsehen und Biertrinken
Lieblingsfarbe: bunt
Essen: Pizza
Trinken: Bier
Sänger: Brassens, Roger Whitacker, Feliciano
Sängerinnen: N. Mouskouri, M. Hopkins
Schauspieler: Marty Feldmann, Rühmann, Alec Guinness
Schauspielerinnen: Marlene Jobert
Komponisten: Beatles, Dylan, Händel, Bach, Brassens
Gruppen: The Dubliners
Im Besitz welchen Autos: Porsche 911 S
Lieblingsauto: s.o.
Hat Freude an: fast allem
Findet nicht gut: Vorurteile, Intoleranz, Engstirnigkeit
Ehrgeiz: so weitermachen wie bisher

Alles was ich habe

Alles was ich habe ist meine Küchenschabe,
Sie liegt auf meinem Ofen, da kann sie ruhig poofen.
Mein allerbester Freund ist sie, der letzte der mir blieb,
Drum ist mir dies Insektenvieh auch ganz besonders lieb.
Auch bess're Zeiten gab es schon, groß war die Freundeszahl,
Sie liefen mit dem Glück davon, ich sah mit einem Mal:
Alles was ich habe ist meine Küchenschabe,
Sie liegt auf meinem Ofen, da kann sie ruhig poofen.

Da kann man seh'n wie so ein Tier ein bess'rer Mensch sein kann,
Sie hält in Freud und Leid zu mir und schaut mich tröstend an,
Da kann man seh'n wie so ein Tier ein bess'rer Mensch kann sein.
Und ihre Augen sagen mir, du bist ja nicht allein:
Alles was ich habe ist meine Küchenschabe,
Mag sie die Küche haben, ich hör' ihr zu beim Schaben.
Krrrrk, krrrrk.

Cantus 19 b

Seiendes Nichtsein verschleiert mich bang.
Fließendes Blau regt sich bebend,
Flügellos gleichsam entschwebend,
Lodernd im Werden die Sinne entlang.
Bleibend allein ist des fließenden Lichts
Eherner Zugriff beständig,
Endlosem Enden unendlich,
Näher noch dem unerschaubaren Nichts, —
Bleibend der Lehre allheilige Kraft,
Seliges Nimmer erahnend,
Stets ans Gewordene mahnend:
So, Gedicht neunzehn B wäre damit auch geschafft!
Nichts wie weg zum Verleger
Und dann in den Druck, —
Ruckzuck

Mann aus Alemania

Als ich im vergang'nen Jahr
Bei den Pyramiden war,
Kurz behost im Wüstensand
In der Reisegruppe stand,
Auf dem Kopf zum Schutz vor Hitze
Eine grünbeschirmte Mütze,
Hab' ich wie die andern hundert
Auch den großen Bau bewundert
Und mich Kamera behängt
Auch auf ein Kamel gezwängt.
Dies trug mich geduldig stumm
Zweimal um die Spinx herum.
Doch nach einer viertel Stunde
Wollt' ich eine dritte Runde,
Völlig seekrank schon vom Wandeln,
Doch im Orient mußt du handeln
Oder du wirst unbedarft
Gleich als Ausländer entlarvt.
Also feilschte ich massiv
Bis der Kameltreiber rief:
Guck mal, ach nee sieh' mal da:
Mann aus Alemania.

Irgendwas verriet mich ganz
Offensichtlich auf Distanz.
Also hab' ich eingeseh'n:
Hier muß man substil vorgeh'n.
Um sich nicht zu unterscheiden
Hilft oft schon, sich zu verkleiden,
Einen Burnus zu gebrauchen
Und schon kann man untertauchen,
Gar mit einem Fez geziert
Wird man sofort akzeptiert.
Also kauft ich kurzer Hand
Kopfbedeckung und Gewand.
Um noch wen'ger aufzufallen,
Trug ich einen Teppichballen

Und ließ mir dazu noch eben
Dolch und Wasserpfeife geben.
Unauffällig wie ich war
Ging ich schnurstracks zum Basar.
Zögernd stand ich noch davor,
Da grölte schon der Händler Chor:
Guck mal, ach nee sieh' mal da:
Mann aus Alemania.

Dieser Fehlschlag nun verdroß
Mich doch sehr, und ich beschloß,
Dem Erkennungsphänomen
Ganz bis auf den Grund zu geh'n.
Um mich völlig zu entstellen,
Behäng ich mich mit Eisbärfellen,
Einem Kimono voller Motten
Und dem Rock von einem Schotten,
Einen grauen Paletot
Und roch wie ein Eskimo.
So gelangt' ich unerkannt
durch die Altstadt bis zum Strand,
Blieb dort eine Zeit lang stehen,
Um den Fischern zuzusehen.
Netze knüpfen, Boote teeren,
Die mußt' ich erst mal belehren,
Wie man so was richtig macht
Und hab' ihnen beigebracht,
Wie man rationell Angeln baut.
Da jubelten die Fischer laut:
Guck mal, ach nee sieh' mal da:
Mann aus Alemania.

Dann hab' ich's nochmal versucht
Und die Wüstentour gebucht.
Für zweihundert Mark in bar
Lieh man mir ein Dromedar.
Hab' das Wüstenschiff erklommen
Und bin vom Weg abgekommen,
Traf nicht mal mehr Amerikaner,
Nur noch eine Fata Morgana.
Stundenlang bin ich verwirrt
In der Wüste rumgeirrt,
Dann traf ich eine Person.

„Hallo", rief ich, „Wüstensohn!
Wo geht's denn hier zur Kantine,
Hör mal alter Beduine,
Bring mich mal rasch zur Oase,
Ich hab' meine Bierdurstphase.
Du bist doch hier eingebor'n:
Wo gibt's hier 'nen Pils und 'nen Korn?
Bißchen dalli, ist das klar,"
Da schrie der Mann vor Schrecken starr:
Guck mal, ach nee sieh' mal da:
Mann aus Alemania.

Tags darauf trat ich alsdann
Schwer enttäuscht den Heimflug an.
So schloß mein Experiment:
Rätselhafter Orient.
Die Versuche, Land und Leute
Zu studier'n war'n eine Pleite.
Trotz Verkleidung und trotz aller
Listen bin ich aufgefallen,
Überall sofort erkannt
Als ein Mann aus deutschem Land,
Ohne jemals zu versteh'n,
Wo dran die denn das bloß seh'n.
Erst in Frankfurt nach der Landung
Kam die wundersame Wandlung.
Als ich mein Gepäck abholte
Und der Zöllner wissen wollte,
Was ich anzumelden hab'
Und ich nicht gleich Antwort gab,
Sagte mir der Mann vom Zoll
Väterlich und mittleidsvoll:
„Du wohl Türke, nix Bla-Bla,
neu in Alemania? !"

Warum nur immer Christine?

Wie ich hörte, singt Reinhard Mey n u r für seine Frau Christine! Dann soll s i e ihm auch seine Schallplatten abkaufen!!! Zu Hause kann der junge Mann machen, was er will, aber wenigstens beim Singen sollte er alle andern meinen – und nicht auch noch Christine. Schließlich kann man von seinen Teenager-Fans nicht verlangen, daß sie einen verliebten Ehemann anhimmeln. Schon aus künstlerischen Erwägungen sollte er es einmal versuchen, für eine andere Frau zu singen, damit aus seinen Liedern nicht immer die gleiche Leier wird.

Hilde Z., 1020 Wien

Die Ballade vom Pfeifer oder The Big Mistake

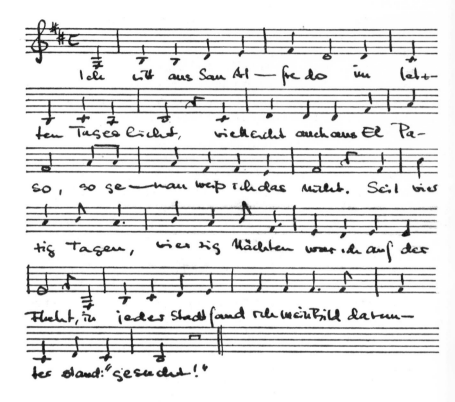

Ich ritt aus San Alfredo im letzten Tageslicht,
Vielleicht auch aus El Paso, genau weiß ich das nicht,
Seit 40 Tagen, 40 Nächten war ich auf der Flucht,
In jeder Stadt fand ich mein Bild, darunter stand: Gesucht!
Sie nannten mich den Stillen, und man flüsterte mir nach,
Daß, wenn ich was zu sagen hätte, mein Colt für mich sprach.
Sie nannten mich den Pfeiffer, und meine Devise hieß:
Wenn dir wer vor die Mündung kommt: Erst pfeife und dann schi
Warum ich pfiff, das weiß ich nicht, weiß nicht mal, wie ich heiß
Im Westen ist es niemals gut, wenn einer zuviel weiß!
Ich weiß nur, wo mein Lied erklang, da wurden Bretter knapp,
Weil jeder Schreiner wußte, daß es Arbeit für ihn gab.

Als ich nach Bloody Corner kam, sah ich von weitem her:
Die Summe unter meinem Namen hatte zwei Stellen mehr.
Ein Prämienjäger sagte:,,Pfeifer, ich wart schon auf dich!"
Ich fuhr herum, pfiff einen Ton, dann sprach mein Colt für mich.
Als wenig später im Saloon mein 38er spie,
Da spielte der Mann am Klavier dazu die Melodie.
Die Ellenbogen aufgestützt, die Flügeltür im Blick,
Stand neben mir ein Fremder, sehr glattrasiert und dick;
,,Man nennt mich hier den Denker", so stellte er sich vor,
Spie lässig in den Spucknapf und sagte mir ins Ohr:
,,Wenn du 10 000 Dollar brauchst, dann hab ich einen Plan,
Todsicher, genial einfach!" Dankbar nahm ich an.

Jetzt sitz ich hinter Gittern, von Zweifeln angenagt:
Vielleicht war doch des Denkers Plan so gut nicht, wie er sagt?
Er sagte: Das bringt dir 10 000 Dollar, wenn du's wagst,
Zum Sheriff ins Büro zu gehn, dich vorstellst und ihm sagst:
,,Grüß Gott, ich bin der Pfeifer, ich komm selber, wie ihr seht,
Um die Belohnung zu kassieren, die auf meinem Kopf steht!"
Ich sitz auf meines Pferdes Rücken unter dem Galgenbaum,
Einen Strick um meinen Hals, der Henker hält mein Pferd im Zaum,
Gleich gibt er ihm die Zügel, und dann ist's mit mit vorbei,
Der Totengräber gräbt mein Grab und pfeift sein Lied dabei.
Der Scharfrichter tut seine Pflicht, mein Pferd setzt sich in Trab,
Und unten brüllt der Regisseur: Verdammte Schlamperei,
Jetzt ist der Ast zum dritten Mal abgebrochen, der Film ist
Auch gerissen, also Kinder, für heute ist Feierabend,
Die Leiche drehn wir morgen ab!

Der Mörder ist immer der Gärtner

Die Nacht liegt wie Blei auf Schloß Dartmoor,
Sir Henry liest Financial-Times.
Zwölf mal schlägt gespenstisch die Turmuhr,
Der Butler hat Ausgang bis eins.
Da schleicht sich im flackernden Lampenschein,
Fast lautlos ein Schatten zur Türe herein
Und stürzt auf Sir Henry, derselbe lebt ab
Und nimmt das Geheimnis mit in das Grab.
Der Mörder war wieder der Gärtner, und der plant schon den nächsten
    Coup.
Der Mörder ist immer der Gärtner, und der schlägt erbarmungslos zu!

Bei Maigret ist schon seit zwei Stunden
Ein Fahrstuhl andauernd blockiert.
Inspektor Dupont ist verschwunden,
Der Fahrstuhl wird gerad' repariert.
Da öffnet sich lautlos die Tür zum Schacht,
Es ertönt eine Stimme, die hämisch lacht.
Inspektor Dupont traf im Fahrstuhl ein Schuß,
Der Amtsarzt stellt sachlich fest: Exitus.
Der Mörder war wieder der Gärtner, und der plant schon den nächsten
    Coup.
Der Mörder ist immer der Gärtner, und der schlägt erbarmungslos zu!

Am Hafen am Süd wurde neulich
Ein Hilfsleuchtturmwart umgebracht.
Inspektor van Dyke, stets voreilig,
Hat drei Täter schon im Verdacht:
Die Wirtin zur Schleuse, denn die schielt und die hinkt,
Der Käpt'n, der schiffsbrüchig im Rum ertrinkt,
Der Lotse, der vorgibt, Napoleon zu sein,
Aber da irrt van Dyke,
Keiner war's von den Drei'n.
Der Mörder war wieder der Gärtner, und der plant schon den nächsten
    Coup.
Der Mörder ist immer der Gärtner, und der schlägt erbarmungslos zu!

Die steinreiche Erbin zu Manster,
Ist wohnhaft im 15ten Stock,
Dort schläft sie bei offenem Fenster,
Big-Ben schlägt gerad' two o'clock.
Ganz leis' bläht der Wind die Gardinen auf,
Auf die Erbin zeigt matt-schwarz ein stählerner Lauf,
Und ein gellender Schrei zerreißt jäh die Luft,
Auch das war wohl wieder der Gärtner, der Schuft.
Der Mörder war wieder der Gärtner, und der plant schon den nächsten
    Coup.
Der Mörder ist immer der Gärtner, und der schlägt erbarmungslos zu!

In seinem Gewächshaus im Garten,
Steht in grüner Schürze ein Mann,
Der Gärtner rührt mehrere Arten von Gift gegen Blattläuse an.
Der Gärtner singt, pfeift und lacht verschmitzt,
Seine Heckenschere, die funkelt und blitzt,
Sense, Spaten und Jagdgewehr stehen an der Wand,
Da würgt ihn von hinten eine meuchelnde Hand.
Der Mörder war nämlich der Butler, und der schlug erbarmungslos zu.
Der Mörder ist immer der Butler — man lernt eben täglich dazu.

Annabelle

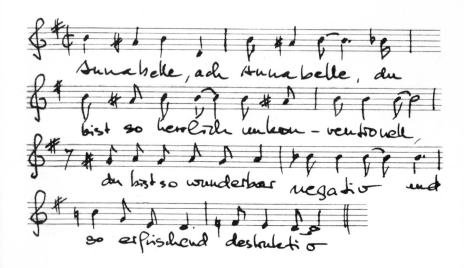

Annabelle, ach Annabelle, du bist so herrlich unkonventionell,
Du bist so wunderbar negativ und so erfrischend destruktiv,
Ich bitte dich, komm' sei so gut, mach' meine heile Welt kaputt.
Früher war ich ahnungslos wie ein Huhn,
Doch sie erweitert mein Bewußtsein nun,
Und diese Bewußtseinserweiterung,
Ist für mich die reinste Erheiterung.
Seit ich auf ihrem Bettvorleger schlief,
Da bin ich ungeheuer progressiv.
Ich übe den Fortschritt und das nicht faul:
Nehme zwei Schritte auf einmal und fall' auf's Maul.

Früher hab' ich oft ein eigenes Auto benutzt,
Hab' nur zweimal täglich die Zähne geputzt,
Hatte zwei bis drei Hosen und ein paar Mark in bar,
Ich erröte, wenn ich denk', was für ein Spießer ich war.
Seit ich Annabelle hab', sind die Schuhe unbesohlt,
Und seit jenem Tag gehör' ich nicht mehr zur Norm:
Denn ich trage jetzt die Nonkonformisten-Uniform.
Annabelle, ach Annabelle . . .

Früher, als ich noch ein Spießer war,
Ging ich gern ins Kino, in Konzerte sogar.
Doch mit diesem passiv-kulinarischen Genuß
Machte Annabelle kurzentschlossen Schluß.
Wenn wir heut' ausgehn, dann geschieht das allein,
Um gesellschaftspolitisch auf dem Laufenden zu sein.
Heut' bitt' ich, Annabelle, erhör' mein Flehn,
Laß uns zu einem Diskussionsabend gehn!
Annabelle, ach Annabelle . . .

Früher hab' ich manchen Tag und manche Nacht
Auf dem Fußballplatz und in der Kneipe zugebracht,
Mit Freunden geplaudert, meine Zeit verdöst,
Doch dann hat Annabelle mich von dem Übel erlöst.
Heut' sitz ich vor ihr und hör mit offenem Mund,
Wenn sie für mich doziert, Theorien aufstellt und
Ich wünschte, die Stunden würden nie vergehn,
Ich könnt' tagelang zuhörn, ohne ein Wort zu verstehn.
Annabelle, ach Annabelle . . .

Früher dachte ich korruptes Spießerschwein,
Wer was schaffen will, müßte fröhlich sein.
Doch jetzt weiß ich, im Gegenteil,
Im Pessimismus liegt das Heil!
Früher hab ich nämlich gerne mal gelacht,
Doch auch hier hat sie mich weitergebracht.
Heut' weiß ich, die Lacherei war reaktionär,
Infolgedessen denk' ich nach und schreite ernst einher.
Annabelle, ach Annabelle,
Du bist so herrlich intellektuell,
Zerstör mir meine rosa Brille
Und meine Gartenzwergidylle!
Annabelle, ach Annabelle . . .

Früher saß ich gerne tagelang
Vorm Fernsehapparat und aß und trank
Und war ein zufriedener Konsument,
Doch im höchsten Grade dekadent.
Dann hat Annabelle mich vor nicht langer Zeit
Vom Konsumterror befreit.
Nur noch geist'ge Werte sind's, die ich begehr',
Und von nun an bleibt der Kühlschrank leer!
Annabelle, ach Annabelle . . .

Früher war ich, wie das alles zeigt,
Einem billigen Vergnügen niemals abgeneigt.
Doch ab heute wird nicht mehr genossen,
Dafür diskutieren wir beide unverdrossen.
Wenn ich zu ihren Füßen lieg',
Dann üb' ich an mir Selbstkritik,
Und zum Zeichen ihrer Sympathie
Nennt sie mich süßer Auswuchs kranker Bourgeoisie.
Annabelle, ach Annabelle,
Du bist so herrlich unkonventionell,
Du bist so herrlich emanzipiert
Und hast mich wie ein Meerschweinchen dressiert.
Annabelle, ach Annabelle,
Du bist so herrlich intellektuell,
Und zum Zeichen deiner Emanzipation
Beginnt bei dir der Bartwuchs schon.

Zwei Hühner auf dem Weg nach Vorgestern

„Zwei Hühner auf dem Weg nach Vorgestern", so steht es reißerisch
  auf dem Programm:
„Modernes Schauspiel von Alfons Yondrascheck, und inszeniert ist es
  von Moro Schlamm".
Und Yondrascheck ist dem geneigten Theaterkenner wohl bestens
  bekannt,
Wird er doch gern zu Recht der Meister des irrealen Parasymbolismus
  genannt.
Da hebt sich zögernd schon der Vorhang, das Bühnenbild zeigt
  „Nirgendwo".
Der Schauplatz ist bedrückend leer, das bleibt noch gut zwanzig Minut
  so
Doch dann erscheint, gleichsam dämonisch, in jähem Wechsel des
  Rampenlichts
Ein Mime halblinks auf der Bühne, und dann passiert lange Zeit nichts.
Dann ruft er: „Ah, wo steckt denn der Verräter?" Übrigens der Held
  ist selbstverständlich nackt.
Die Frage lastet bleischwer auf dem Publikum, und damit endet der er
  Akt.
Die Frage lastet bleischwer auf dem Publikum, und damit endet der er
  Akt.

Und jeder, der bis dahin folgen kann,
Und der sich mit Bildung auskennt,
Der schätzt im ersten Akt vor allen Dingen des Dichters ungestümes
  Temperament.
Der schätzt am ersten Akt vor allen Dingen des Dichters ungestümes
  Temperament.

Da hebt sich gnadenlos der Vorhang, das Spiel nimmt unbarmherzig
  seinen Lauf.
Der Held ist vorsichtshalber erst mal umgefallen, und nun steht er
  langsam wieder auf.
Und wie das Leben nun mal spielt, trifft er zufällig einen zweiten
  Nackedei.
Die beiden üben laut Sozialkritik und schlagen Purzelbaum dabei.

Ein Kritiker klatscht stürmisch Beifall, er ist im Innersten wild
  aufgewühlt,
Weil er hier all seine Probleme endlich so recht verstanden fühlt.
Derweil robbt sich aus der Kulisse der tückische Verräter auf dem
  Bauch.
Der Weg ist lang, da schläft er ein, ein Teil des Publikums tut das auch.
Der Held nimmt sich schnell einen Plastikbeutel, darin wird der
  Bösewicht verpackt.
Und er begießt ihn mit drei Eimern Farbe, und damit endet der zweite
  Akt.
Und er begießt ihn mit drei Eimern Farbe, und damit endet der zweite
  Akt.

Und jeder, der bis dahin folgen kann,
Und der sich mit Bildung auskennt,
Der schätzt am zweiten Akt vor allen Dingen das gesellschaftskritische
  Moment,
Der schätzt am zweiten Akt vor allen Dingen das gesellschaftskritische
  Moment.

Im dritten Akt erfolgt die Läuterung des buntverpackten Bösewichts.
Die Spannung wird schier unerträglich, man hört sie knistern, sonst
  hört man nichts.
Die Läuterung findet im Plastikbeutel und zudem völlig geräuschlos statt,
Wohl dem im Saal, der Butterbrote oder eine Thermosflasche bei sich hat.
Alsdann kommt ein maskierter Sprech-Chor und ruft: „Oh seht, der
  Held erfriert!"
Dabei war das nun wirklich nicht nötig, denn das Theater wird
  subventioniert.
Ein Poltern hinter den Kulissen verheißt ein gräßliches Schicksalssymbol,
Denn nun kommt der tragische Höhepunkt — verkörpert von Frau
  Emma Pohl.
Frau Pohl tritt von rechts auf die Bühne und ruft: „Das hier ist ein
  anständiges Haus!"
Und sie entkleidet sich zum Schrecken aller,
Doch da ist Gottseidank das Drama aus.
Und sie entkleidet sich zum Schrecken aller,
Doch da ist Gottseidank das Drama aus.

Und jeder, der bis dahin folgen kann
Und der bislang auch noch nicht pennt,
Der ist entweder nicht ganz klar im Kopf
Oder Theaterkassenabonnent,
Der ist entweder nicht ganz klar im Kopf
Oder Theaterkassenabonnent.

Wann?

Auf meinem Tisch ein weißer Bogen,
Dein Name auf dem Briefumschlag.
Wie viele Stunden sind verflogen,
Wie lang' ich hier schon warten mag?
Ich habe dir so viel zu schreiben,
Doch die Gedanken wollen hier
In meiner Feder steckenbleiben,
Als fürchteten sie das Papier.

Weißt du . . .? Ich glaub' . . . – Was ist geblieben?
Warum . . .? Nein, so fängt kein Brief an!
Und ich zerreiß', was ich geschrieben,
Und fang' nochmal von vorne an.

Die Feder kreischt über die Zeilen, –
Könntest du heute bei mir sein,
Könnt' ich die Stunden mit dir teilen,
Mir fielen tausend Dinge ein!
Ich brauchte dir nicht eins zu nennen,
Du würdest, was ich denke, seh'n,
Worte, die auf den Lippen brennen,
Auch wenn ich schweige noch versteh'n!

Weißt du . . .? Ich glaub' . . . Was ist geblieben?
Warum . . .? Nein, so fängt kein Brief an!
Und ich zerreiß, was ich geschrieben,
Und fang nochmal von vorne an.

Auf meinem Tisch ein weißer Bogen,
Dein Name auf dem Briefumschlag;
Ich hab den Vorhang zugezogen,
Vor meinem Fenster stirbt der Tag,
Und wie in dunkelen Verließen
Liegt, was ich dir noch schreiben kann.
Wann kommst du, um sie aufzuschließen?
In einem Tag? In einem Jahr? Wann? . . .

Vergnüglicher Meykäfer-Abend

Zum erfolgreichen Gastspiel von Reinhard Mey in der Tonhalle

L. Unter dem kritisch-romantischen Markenzeichen zieht er gegenwärtig auf einer Zweiwochentournee durchs Schweizerland und kreuzte am Freitagabend auch in der wenig romantischen Tonhalle St.Gallen auf: Reinhard Mey. In verwaschenen Jeans, die drei obersten Knöpfe seines Hemdes offen, wie's sich für einen Bänkelsänger und Chansonnier gehört, stand er vor den wirklich vollen Rängen auf der leeren Bühne, die Gitarre in Händen, zwei Mikrofons vor Mund und Saiten, ein halbes Dutzend Scheinwerfer auf ihn gerichtet und die Orgelpfeifen der Tonhalle im Rücken. So stimmte er immer wieder seine Gitarre und die Lieder an, machte ein paar witzige Sprüche zum eben gesungenen oder gerade zu singenden Chanson, fand dabei durch spontanes Eingehen auf Lachen und Applaus sofort den Kontakt zum Publikum und schuf so, trotz der Grösse und Kahlheit der Tonhalle, Stimmung, die aufs Publikum überging.

Man mochte diesem Reinhard Mey einfach gerne zwei Stunden lang zuhören, freute sich an seinen Gags, war nicht überrascht, sondern gespannt, wenn er plötzlich nach der ersten Strophe, listig mit dem linken Auge zwinkernd, innehielt und noch eine spitze Bemerkung machte. Lachen, Zwischen-, Voraus- und gewöhnlicher Applaus waren ihm so sicher. So warnte er vor den Musikanten vor der Stadt («Arie des Bürgermeisters, abzusingen im Zeitpunkt, da die Plakate ausgehängt werden»), sang Liebes- und Erinnerungslieder, ergänzte seine Gärtner-Mörder-Geschichte mit einer «intellektuellen Strophe», verlor auf der Diplomatenjagd plötzlich den Faden («dass mir das ausgerechnet einen Tag vor Huber-

tustag passieren musste!») und bot all die von den Schallplatten bekannten Chansons und ein paar neue. Neue, die ebenfalls ankamen, die besonders stürmisch beklatscht wurden, sei es das neue Liebeslied oder seine Klage «Es gibt keine Maikäfer mehr» oder die bissige Theater-Persiflage «Zwei Hühner auf dem Weg nach vorgestern».

Fast zwei Stunden sang Reinhard Mey und holte sich allein auf der nackten Bühne tosenden Beifall, weil das, was er bot, mehr war, als auf seinen Platten zu hören ist. Weil nicht nur seine Lieder, seine Stimme, sein Gitarrenspiel, sein Mundwerk (auch im neuen Lied «Was kann schöner sein auf Erden, als Politiker zu werden»), sondern auch seine Ausstrahlung das Publikum von den Stühlen riss. Mey hat eben nicht, wie andere, bloss eine Masche — er hat eine Muse.

Ich denk' es war ein gutes Jahr

Der Rauhreif legt sich vor mein Fenster,
Kandiert die letzten Blätter weiß.
Der Wind von Norden jagt Gespenster
Aus Nebelschwaden übers Eis,
Die in den Büschen hängenbleiben
An Zweigen, wie Kristall so klar.
Ich hauche Blumen auf die Scheiben
Und denk, es war ein gutes Jahr!

Sind ein paar Hoffnungen zerronnen?
War dies und jenes Lug und Trug?
Hab nichts verloren, nichts gewonnen,
So macht mich auch kein Schaden klug.
So bleib ich Narr unter den Toren,
Hab ein paar Illusionen mehr,
Hab nichts gewonnen, nichts verloren,
Und meine Taschen bleiben leer.

Nichts bleibt von Bildern, die zerrinnen.
Nur eines seh ich noch vor mir,
Als läg ein Schnee auf meinen Sinnen
Mit tiefen Fußstapfen von dir!
Mir bleibt noch im Kamin ein Feuer
Und ein paar Flaschen junger Wein.
Mehr Reichtum wär mir nicht geheuer
Und brächte Sorgen obendrein.

Du kommst, den Arm um mich zu legen,
Streichst mit den Fingern durch mein Haar:
,,Denk dran, ein Holzscheint nachzulegen . . .
Ich glaub, es war ein gutes Jahr!"

In meiner Stadt

In meiner Stadt gibt es Fassaden
Jammervoll, wie ein Zirkuszelt,
Das sich verzogen, überladen
An ein paar schiefen Masten hält;
Dahinter hängt in allen Räumen
Die gleiche Schlafzimmerlandschaft:
Ein "Hirsch am Bergsee" hilft beim Träumen.
Und gibt für morgen neue Kraft!

In meiner Stadt, da gibt es Straßen
Voll Hochmut und eitler Allür'n,
Die über ihrem Stolz vergaßen,
Woher sie komm'n, wohin sie führ'n.
Der Horizont in festen Zügeln,
Und die Windrose liegt auf Eis:
Für Vögel mit gestutzten Flügeln
Ein Käfig, schön wie's Paradeis!

In meiner Stadt, da gibt es Berge
Aus Müll, Ruinen, Schweiß und Blei.
Die träumen lang schon vom Ölberge
Und hör'n den dritten Hahnenschrei.
Ein Golgatha aus Müll geboren
Und zementiert, damit es hält:
Dort hat kein Pilger was verloren,
Von dort erlöst keiner die Welt!

In meiner Stadt, da gibt es Flüsse,
Die dienen ohne Illusion
Als Abfluß für die Regengüsse
Und für die Kanalisation;
Nur um die Hoffnung zu ertränken,
Sind sie wohl grade tief genug-
Wer will's Magdalena verdenken? -
Sie füllt woanders ihren Krug!

In meiner Stadt wohnt der Gerechte
Und der Gemeine Tür an Tür -
Da wohnt das Gute und das Schlechte
In schönem Einklang, scheint es mir,
In Freuden und Kalamitätchen
So wie in jeder anderen Stadt,
Nur wohnt in meiner Stadt mein Mädchen,
Und dafür lieb' ich meine Stadt!

Die drei Musketiere

Ich denk' oft d'ran wie's war, wenn wir beisammen saßen,
Mit Illusionen hatten wir den Tisch gedeckt,
Ein Apfel, dreigeteilt, und das Brot, das wir aßen,
Dazu wäss'riger Wein hat wunderbar geschmeckt.

Wir wollten anders sein als alle, die wir kannten,
Verachteten das Streben und pfiffen auf das Geld,
Den Bürger, den Pastor und die bigotten Tanten,
Und glaubten, drei wie wir veränderten die Welt.

Ich hör' noch heut das Lied, wir grölten's bis zum Morgen,
Vom feisten Bourgeois und „Lang leb' die Anarchie!"
Wir lachten über Angst und and'rer Leute Sorgen,
Erzählten viel von Liebe und von Philosophie.

Die ganze Zeit hat uns getrennt, verstreut an alle Enden,
Du, Aramis, magst heut' Bahnhofsvorsteher sein,
Du, D'Artagnan, zählst heimlich deine Dividenden,
Ich, Porthos, sitze heut an uns'rem Tisch allein.

Das Canapé

Mein Canapé ist mein Vergnügen
D'rauf ich mir was zugute tu',
Da kann ich recht bequeme liegen
In meiner ausgestreckten Ruh'.
Tut's mir in allen Gliedern weh,
Leg ich mich auf mein Canapé.

Ich mag so gerne Coffee trinken,
Fürwahr man kann mir mit dem Trank
Auf eine halbe Meile winken,
Und ohne Coffee bin ich krank.
Doch schmeckt mir Coffee,
Schmeckt mir Tee
Am besten auf dem Canapé!

Ein Pfeifchen Knaster ist mein Leben,
Denn dieser himmelsblaue Rauch
Kann meiner Seele Labsal geben
Bei jedem heißen Sommertag;
Ich rauche, wo ich geh' und steh',
Auch liegend auf dem Canapé.

Wenn ich mich in die Länge strecke,
So setzt mein Schätzchen sich zu mir,
Und hält mir anstatt einer Decke
Zwei lilienweiße Kißchen für;
Das kitzelt in der großen Zeh'
Auf meinem lieben Canapé.

Soll ich auf diesem Lager sterben,
So halt ich wie ein Lämmchen still,
Ich weiß, mein Geist kann nicht verderben,
Er spricht: Herr es gescheh' dein Will!
Die Seele schwingt sich in die Höh,
Der Leib bleibt auf dem Canapé.

Seifenblasen

Ich stehe am offenen Fenster,
Puste Seifenblasen vor mich hin.
Zufällig fand ich das Röhrchen dazu
Beim Aufräumen im Schrank vorhin.
Sie schenkte es mir irgendwann mal aus Jux.
Jetzt stehe ich Narr, der ich bin,
Und puste am offenen Fenster
Seifenblasen vor mich hin.

Keine Ahnung, wohin sie gegangen ist,
Ich weiß nicht einmal, warum.
Ich weiß, daß sie fort ist, und glaub's doch nicht ganz
Und steh unentschlossen herum.
Ich hab' mich noch ganz gut in der Gewalt,
Bis auf den Knacks in meinem Sinn,
Und ich puste am offenen Fenster
Seifenblasen vor mich hin.

Im Fensterglas blickt mein Spiegelbild
Stumpf und ausdruckslos drein.
Vielleicht nahm ich ihr die Freiheit,
Hab ihren Stolz gekränkt, mag sein.
Vielleicht hab' ich ihr zu offen gezeigt,
Wie wenig ich ohne sie bin,
Und ich puste am offenen Fenster
Seifenblasen vor mich hin.

Mein Kopf ist leer und leer mein Verstand.
Ungläubig steh' ich stur
Mit einem Spielzeug in der Hand,
Eine lächerliche Figur.
Ich glaube, daß ich ohne sie
Zu nichts Besserem fähig bin,
Und so pust' ich am offenen Fenster
Seifenblasen vor mich hin.

Manchmal, da fallen mir Bilder ein . . .

Manchmal, da fallen mir Bilder ein
Von großen Fenstern in Säulenhallen,
Von Wänden und Treppen aus Marmorstein,
Von Leuchtern mit funkelnden Kristallen,
Von Feuern in offenen Kaminen,
Von Betten mit samtenen Baldachinen. –
Der Teppich ist doch schon sehr abgetreten,
Weißt du, ich rolle ihn einfach ein,
Er paßt sowieso nicht zu den Tapeten.
Manchmal schäm ich mich, nicht dort zu Hause zu sein . . .

Manchmal, da fallen mir Bilder ein
Von bunten Markisen und weißen Spalieren,
Mit Heckenrosen und rankendem Wein,
Von Gärten, die sich in der Ferne verlieren;
Von Buchsbaum, zu Statuetten geschnitten,
Ein Kiesweg knirscht vornehm unter den Schritten . . . –
Die Blumen vor'm Fenster sind müde und grau,
Ich pflanz keine neuen mehr ein,
Die blühen hier doch nicht, das weiß ich genau!
Manchmal schäm ich mich, nicht dort zu Hause zu sein . . .

Manchmal, da fallen mir Bilder ein
Vom Lachen weltgewandter Damen,
Gebräunte Gesichter bei Plauderein,
Bilder wie auf Zigarettenreklamen:
Auf grünem Tuch vergoldete Harken,
Beschlagene Gläser und bunte Spielmarken. –
Mein Schuhe müssen mal wieder zum Schuster,
Mein Freund und ich trinken Bier anstatt Wein,
Was das Bridgespiel'n betrifft, ist's bei mir zappenduster!
Manchmal schäm ich mich, nicht einer von denen zu sein . . .

Manchmal, da fallen mir Bilder ein
Von einem Stück Brot in verstümmelten Händen,
Von einer Alten, die sie allein
Hervorzerren unter berstenden Wänden.

Von verbrannten Gesichtern, in Händen vergraben:
Manchmal schäm ich mich dafür, mich geschämt zu haben!
Das wollt ich dir sagen, hörst du mir noch zu?
Nein, du schläfst schon, vom Tag wirst du müde sein.
Ich lösche das Licht, und ich deck dich wärmer zu.
Manchmal schäm ich mich, trotz allem so glücklich zu sein!

Die Geschichte vom verlorenen und wiedergefundenen Lebensmut
oder
Herrn Neyers süßes Geheimnis

Ein regnerischer Wintermorgen, Neyer geht in sein Büro;
Jeden Tag dieselben Sorgen: Frau schimpft, Chef grollt sowieso.
Er schlägt den Kragen hoch, weil ihn die Kälte in die Ohren beißt,
Sieht auf die Uhr, es ist halb acht, „ stets pünktlich,, sagt er sich und denkt:
" Bis hierher hast du's nun gebracht, im Leben war dir nichts geschenkt;
Alle hacken sie auf dir herum, nur weil du Joseph Neyer heit! "

Ach " seufzt er, hieße ich doch Meyer, mit M wie Martha, wär mir wohl,
" Statt dessen ist mein Name Neyer mit einem N, wie in Nordpol!
Alles, was ich mache, geht mir schief, nur von dem N kommt mein Verdruß!"
Und traurig wie ein Wurstbrot ohne Wurst sieht er die Welt,
Unheimlich lockt den der Freitod, den hinieden nichts mehr hält,
So führt sein Weg an den Kanal:" Gut Nacht, hier mach ich mit dem
Leben Schluß!"

    Der Welt mit besten Grüßen
    Bestimmt er einen Fluch.
    Da liegt zu seinen Füßen,
    Ein altes Fernsprechbuch.

    Noch einmal drin zu blättern,
    Flieht er die kalte Flut,
    Sucht seine Namensvettern
    Und spürt dann neuen Mut:

    Es gibt zwölf Seiten Meyer
    Neun Müller, acht für Scholz,
    Er ist der einz'ge Neyer!
    Und das füllt ihn mit Stolz...

Da greift er seine Aktenmappe, geht freudestrahlend ins Büro,
Da tobt der Chef schon - " Halt die Klappe ", ruft Neyer, " und ab Ultimo
Brauch' ich mehr Gehalt! Ist das klar? So, jetzt hab ich zu telefonier'n!"
Ruft seine Frau zu Hause an, sagt, daß sie sich zum Teufel scher,
Ab heut' bestimme er, - und dann steht er auf, sagt zum Sekretär:
" Wenn jemand dringend nach mir sucht, sagen Sie ihm: Herrn Neyer
geht spazier'n ! "

Über den Wolken

Wind Nord/Ost Startbahn null-drei,
Bis hier hör' ich die Motoren.
Wie ein Pfeil zieht sie vorbei,
Und es dröhnt in meinen Ohren,
Und der nasse Asphalt bebt.
Wie ein Schleier staubt der Regen,
Bis sie abhebt und sie schwebt
Der Sonne entgegen.
   Über den Wolken
   Muß die Freiheit wohl grenzenlos sein.
   Alle Ängste, alle Sorgen,
   Sagt man, blieben darunter verborgen
   Und dann, würde, was hier groß und wichtig erscheint
   Plötzlich nichtig und klein.

Ich seh' ihr noch lange nach,
Seh' sie die Wolken erklimmen,
Bis die Lichter nach und nach
Ganz im Regengrau verschwimmen.
Meine Augen haben schon
Jenen winz'gen Punkt verloren.
Nur von fern klingt monoton
Das Summen der Motoren.
   Über den Wolken . . .

Dann ist alles still, ich geh',
Regendurchdringt meine Jacke,
Irgend jemand kocht Kaffee
In der Luftaufsichtsbaracke.
In den Pfützen schwimmt Benzin,
Schillernd wie ein Regenbogen.
Wolken spiegeln sich darin.
Ich wär gern mitgeflogen.
   Über den Wolken . . .

Über den Wolken

Wind Nord Ost Startbahn null drei bis hier hör ich die Motoren

wie ein Pfeil zieht sie vorbei und es dröhnt in meinen

Ohren und der nasse Asphalt bebt wie ein

Schleier staubt der Regen bis sie abhebt und sie schwebt

der Sonne entgegen über den Wolken

muß die Freiheit wohl grenzenlos sein alle Ängste alle

Sorgen sagt man blieben darunter ver- borgen und dann

würde was uns groß und wichtig erscheint plötzlich

nichtig und klein

Hymne auf Frau Pohl
Einführung und erste Abteilung der Trilogie

Im Zimmer ist Mief,
Die Tür hängt schief,
'S zieht mächtig durchs Fenster
Und dann gibt's Gespenster,
Die nachts hier tanzen,
Und ein paar Wanzen
In den zerschlissenen Betten.
Die Tapete ist nicht mehr zu retten.
Hat Risse an allen Enden,
Das liegt an den schiefen Wänden.
Drei Dielen liegen noch im Zimmer,
Mit zwei'n wär'es weitaus schlimmer.
Dafür hat der Tisch zwei Beine-
Na ja, besser als keine.

Ach, du himmlisch gemütliche Wohnstatt
Für achtzig DM im Monat,
Alles inclusive
Außer der Liebe!
Denn Damenbesuch ist bei mir nicht d'rin,
Hier bestimmt eine strenge Vermieterin.

Auf Ihr Wohl!
- Alte, fette Frau Pohl!

Gespräch mit Frau Pohl
Höhepunkt und zweite Abteilung der Trilogie

Also, liebe Frau Pohl, nun komm'nse mal rein,
Komm'nse nicht an den Tisch, der hat nur ein Bein!
Sie meinen, es war einfach grauenvoll,
Was hier gestern abend passiert sein soll:
Sie sagen, ich hätte drei Herren zu Besuch,
Und aus meinem Zimmer drang Schnapsgeruch.
Dann hätten wir was über Sie gesungen,
Dann hätt's wie zerschmetterte Möbel geklungen:
Als ob Schränke zerbersten und Fenster zerschellen!
Also, Frau Pohl, das kann ich mir gar nicht vorstellen!

Sie meinen, dann wär'n wir zu Ihnen gekommen
Und hätten uns etwas daneben benommen?
Sie sagen, Herr Franz goß im Delirium
Zwei Flaschen Korn ins Aquarium.
Und Herr Schobert habe, wie Sie sagen,
Zwei Dielen aus meinem Zimmer getragen
Und damit, als es kühl ward zur Nacht,
Ein Feuer auf Ihrem Teppich gemacht
Und sagte:" Die Alte wird's schon erlauben!"
Also, Frau Pohl, das kann ich einfach nicht glauben.

Beim Abschied schließlich, im Morgengraun,
Erledigte Herr Wader den Gartenzaun,
Und die anderen seien auch erst gewichen,
Nachdem sie Ihre Katze grün angestrichen!
Sie meinen, die Herren wären nicht
So ganz der richtige Umgang für mich
Bei meinem Mietrückstand und dem Schaden
Sollt' ich sie besser nicht mehr einladen?
Na schön, wir woll'n uns nicht mehr böse sein,
Ich lad Sie auf ein Glas Alka Seltzer ein...

Auf Ihr Wohl, hochverehrte Frau Pohl!

Aussöhnung mit Frau Pohl
Dritte und letzte Abteilung der Trilogie

Es klopft an meiner Tür um Mitternacht:
Das hält meine Tür nicht aus und zerkracht -
" Komm'nse rein, Frau Pohl, Vorsicht, bitte sehr!
Hier gibt's nämlich keine Dielen mehr
Und man ist in diesen heil'gen Hallen,
Eh man sichs versieht, durch die Decke gefallen.
Was bringt mir die Ehre Ihrer Visite?
Probieren Sie's mal wieder wegen der Miete?
Nein! Wie Sie so von einem aufs andere Bein wanken,
Ahne ich, Sie wollen sich bei mir bedanken
Dafür, daß meine drei Freunde und ich
In Ihrer Abwesenheit säuberlich
Den Flurschaden und das Kleinholz wegräumten
Von unserer Feier! Was, Sie glaubten, Sie träumten,
Als Sie die Betonmischmaschine fanden,
Wo gestern noch Rosenstöcke standen!
Herr Wader hat sich so sehr geniert
Und darum Ihr Wohnzimmer neu zementiert:
Zum Zeichen, wie sehr er die Bombe bedauert,
Hat er gleich noch zwei Wände mehr gemauert.
Die machen aus einem Wohnzimmer drei!
Ein Tip unter Freunden: Vermieten Sie zwei!
Der Schnaps im Aquarium ist neutralisiert,
Der Fisch ist jetzt nüchtern, nur wenig schimpfiert;
Ihre Katze könn' Sie jetzt wieder anfassen,
Wir haben sie chemisch reinigenlassen.
Um Ihre Wohnung so schön zu gestalten,
Mußten wir uns zwar an Ihren Sparstrumpf halten,
Doch nichts sollte Ihnen zu teuer sein
Für ein so gemütliches Eigenheim!

Auf Ihr Wohl, meine liebe Frau Pohl!

Rouge ou noir

Für ein „Ja" und für nicht mehr als ein „Nein"
Wäre ich Trunkenbold oder Fakir,
Könnte der Welt ein Messias sein
Oder Feuerwehrmann, doch das liegt nicht bei mir.
Wär vielleicht nie geboren oder lange schon tot . . .
Bin von alledem nichts, bin nur der, der ich bin;
Fällt die Kugel auf Schwarz, oder fällt sie auf Rot?
Ich warte geduldig und nehm beides hin.

Rouge ou noir, manque ou passe?
Auf vorgeschriebener Straße
Spiel ich mein Spiel,
Les jeux sont faits, rien ne va plus!

Für ein „Ja" und für nicht mehr als ein „Nein"
Wäre ich heute vielleicht irgendwo,
Wo du nicht wärst, oder es könnte sein,
Daß wir uns fremd wären, ebenso.
Noch verschwimmen die Zahlen, noch dreht sich das Rad,
Du gehst meinen Weg, und du teilst meine Zeit,
Fällt die Kugel auf ungrad, oder fällt sie auf grad,
Ich habe doch meinen Teil Glückseligkeit!

Rouge ou noir, manque ou passe?
Auf vorgeschriebener Straße
Spiel ich mein Spiel
Les jeux sont faits, rien ne va plus!

Für ein „Ja" und für nicht mehr als ein „Nein"
Zerrinnt die Fassade wie trockener Sand,
Stürzt wie ein Kartenhaus über mir ein;
Noch habe ich ein Jeton in der Hand:
Gewonnen? Verloren? Reich oder bankrott?
Es bleiben mir doch, auch wenn alles zerbricht —
Fällt die Kugel auf Schwarz, auf Zéro oder Rot —
Die Falten vom Lachen in meinem Gesicht!

Rouge ou noir, manque ou passe?
Auf vorgeschriebener Straße
Spiel ich mein Spiel,
Les jeux sont faits, rien ne va plus!

ANKOMME FREITAG, DEN 13...

Unter diesem Titel habe ich eines meiner ersten Lieder
geschrieben.
Inzwischen ist das " Ankommen ", sind Termine fester Bestandteil
meines Alltags geworden. Leider oder Gottseidank. Heute hier und
morgen dort. All das ist nur mit Hilfe der großen silbernen Vögel
möglich geworden. Sie haben Entfernungen schrumpfen lassen, haben Menschen näher zusammengerückt, haben Fremde zu Freunden
gemacht. Vielleicht liegt hier der Grund für meine stille Liebe
zur Fliegerei

... Ankomme Freitag, den 13. ...

Es rappelt am Briefschlitz, es ist viertel nach sieben.
Wo, um alles in der Welt, sind meine Latschen geblieben?
Unter'm Kopfkissen nicht und auch nicht im Papierkorb.
Dabei könnte ich schwören, sie warn gestern noch dort!
Also dann eben nicht, dann geh ich halt barfuß.
Meine Brille ist auch weg, liegt sicher im Abfluß
Der Badewanne, wie immer, nun, ich seh auch gut ohne,
Und die Brille hält länger, wenn ich sie etwas schone.
So tapp ich zum Briefschlitz durch den Flur unwegsam,
Falle über meinen Dackel auf ein Telegramm,
Ich lese es im Aufstehn mit verklärter Miene:
„Ankomme Freitag, den 13., um 14 Uhr, Christine!"

Noch sechseinhalb Stunden, jetzt ist es halb acht.
Vor allen Dingen: ruhig Blut, mit System und Bedacht.
Zunächst einmal anziehn, – halt, vorher noch waschen! –
Da find ich die Pantoffeln in den Schlafanzugstaschen.
Das Telefon klingelt: Nein, ich schwöre, falsch verbunden,
Ich bin ganz bestimmt nicht Alfons Yondrascheck, – noch viereinhalb
    Stunden.
Den Mülleimer raustragen, zum Kaufmann gehn,
Kopfkissen neu beziehen und Knopf an Hose nähn.
Tischdecke wechseln, – ist ja total zerrissen,
Hat wahrscheinlich der kriminelle Dackel auf dem Gewissen,
Und wahrscheinlich war der das auch an der Gardine!
„Ankomme Freitag, den 13., um 14 Uhr, Christine!"

Zum Aufräumen ist keine Zeit, ich steck alles in die Truhe,
Abwasch, Aschenbecher, Hemden, so, jetzt habe ich Ruhe.
Halt, da fällt mir ein, ich hatte ihr ja fest versprochen:
An dem Tag, an dem sie wiederkommt, wollte ich ihr etwas kochen!
Obwohl ich gar nicht kochen kann! Ich will es doch für sie versuchen!
Ich hab auch keine Ahnung vom Backen und back ihr trotzdem einen
    Kuchen.
Ein Blick in den Kühlschrank: drin steht nur mein Wecker.
Noch mal runter zum Lebensmittelladen und zum Bäcker.
Rein in den Fahrstuhl und Erdgeschoß gedrückt.
Der Fahrstuhl bleibt stecken, der Dackel wird verrückt.
Nach dreiviertel Stunden befreit man mich aus der Kabine.
„Ankomme Freitag, den 13., um 14 Uhr, Christine!"

Den Dackel anbinden vor'm Laden, aber mich lassen sie rein,
Ich kaufe irgendwas zum Essen und drei Flaschen Wein,
Eine Ente dazu, – ich koche Ente mit Apfelsinen, –
Für den Kuchen eine Backform, eine Handvoll Rosinen.
„Darf's für 20 Pfennig mehr sein? Im Stück oder in Scheiben?"
„Ist mir gleich, ich hab das Geld vergessen, würden Sie's bitte
    anschreiben?"
Ich pack alles in die Tüte. Vorsicht, nicht am Henkel anfassen,
Sonst reißen die aus! Na, ich werd schon aufpassen!
Rabatz vor der Tür, der Dackel hat sich losgerissen
und aus purem Übermut einen Polizisten gebissen.
Da platzt meine Tüte, es rollt die Lawine . . .
„Ankomme Freitag, den 13., um 14 Uhr, Christine!"

„Sind Sie der Halter dieses Dackels? Bitte mal ihre Papiere!"
Das ist mir besonders peinlich, weil ich Papiere immer verliere.
Ich schimpfe, ich weine, ich verhandle und lache.
„Das kennen wir schon, komm'Se mit auf die Wache!"
Um die Zeit müßte die Ente schon seit zehn Minuten braten,
Und vielleicht wär mir der Kuchen ausnahmsweise geraten.
Und ich sitz auf der Wache, und das ausgerechnet heut.
Dabei hab ich mich so unverschämt auf das Wiedersehen gefreut!
Vielleicht ist sie schon da, und es öffnet ihr keiner?
Jetzt ist's 20 nach vier, jetzt ist alles im Eimer!
Da fällt mein Blick auf den Kalender, und da trifft mich der Schlag:
Heute ist erst der 12. und Donnerstag!

Ich glaube so ist sie

Am Nachmittag stellt sie mir oft eine Tasse Kaffee neben meine
　　Schreibmaschine,
Schwarz mit einem Löffel Zucker, und ich trinke, und sie fragt mich, w
　　ich schrieb;
Und ich murmle eine Antwort, und sie nimmt sich einen Stapel alter
　　Magazine,
Setzt sich und fängt an zu suchen, was an Kreuzworträtseln noch zu
　　lösen bleibt.
15 senkrecht, einen Nebenfluß der Wolga, − keine Ahnung, wie der
　　heißen sollte.
Ich schrieb weiter, gerade so, als ob die Frage nicht an mich gerichtet
　　wär.
Und sie sagt, daß sie mich mit den Rätseln ganz bestimmt nicht bei
　　der Arbeit stören wollte,
Ich verschrieb' mich, sie steht auf und lacht und streicht mit beiden
　　Händen durch mein Haar.
Ich glaube, so ist sie, ja ich glaub' schon, aber ganz sicher bin ich
　　meiner Sache nie.

Manchmal ärgert sie die Unordnung, dann räumt sie von einer auf die
　　andere Seite
Das, was sich auf meinem Schreibtisch an Papieren langsam
　　angesammelt hat,
Dabei findet sie ein Buch und liest sich fest und spricht kein Wort bis
　　an die letzte Seite.
Stör ich sie, faucht sie wie eine Katze, der man auf den Schwanz
　　getreten hat.
Sie weiß stets, wo alles liegt, hat meine Schlüssel, mein Notizbuch,
　　meine Zigaretten,
Und ihr Lieblingsspiel ist, so zu tun, als ob ich meine Brieftasche verlor
Und dann lacht sie triumphierend und zieht sie aus ihrem Mantel, und
　　ich wollte wetten,
Wenn ich jetzt Radieschen essen wollte, zög sie draus ein Briefchen
　　Salz hervor.
Ich glaube, so ist sie, ja ich glaub' schon, aber ganz sicher bin ich
　　meiner Sache nie.

Sie tut, was sie will, wenn sie es will, und ihre Argumente siegen
    schließlich immer;
Sie fährt Auto wie ein Gangster, nur zum Parken diene ich ihr als
    Chauffeur.
Und sie singt und lacht, ist niemals pünktlich, und an jedem Morgen
    schwimmt das Badezimmer.
Und sie sagt, ich sei ihr Märchenprinz, doch langsam müsse ich 'mal
    zum Friseur.
Am Nachmittag stellt sie mir oft eine Tasse Kaffee neben meine
    Schreibmaschine,
Schwarz mit einem Löffel Zucker, und ich trinke, und sie fragt mich,
    was ich schrieb'
Und ich murmle eine Antwort, und sie nimmt sich einen Stapel alter
    Magazine,
Setzt sich und fängt an zu suchen, was an Kreuzworträtseln noch zu
    lösen bleibt.
Ich glaube, so ist sie, ja ich glaub' schon, aber ganz sicher bin ich
    meiner Sache nie.

Warten

Ich stehe am Eingang vom zoologischen Garten,
Ein Blick zur Normaluhr, es ist jetzt dreiviertel vier.
Ich habe ihr versprochen, dort um vier auf sie zu warten,
Doch, weil ich's nicht erwarten kann, stehe ich jetzt schon hier:
Mit einem Strauß von Rosen, gebügelten Hosen,
Geputzten Schuhen in tiefschwarzem Glanz —
Die Zeit vergeht nicht, vor Ungeduld tret ich
Von einem Bein aufs andre wie ein Tanz-
Bär.

Der Zeitungsmann gleich neben mir verkauft seine Schlagzeile,
Und leise sage ich sie schon auswendig vor mir her.
Ich kaue ein paar Erdnüsse und kauf aus Langeweile,
Wenn sie jetzt nicht bald kommt, noch eine Tüte mehr.
Seit dreiviertel Stunden zähl ich die Sekunden,
Seit dreiviertel Stunden fliegt die Zeit an mir vorbei.
Durch die Pflastersteine spür ich meine Beine
Wurzeln schlagen so wie eine Ei-
Che.

Der Zoo schließt seine Tore, die Kassierer zähl'n die Kassen,
Der Zeitungsmann hat alle seine Zeitungen verkauft.
Ich weiß genau, sie kommt noch, ich kann mich auf sie verlassen,
Am Kiosk habe ich rasch noch ein paar Erdnüsse gekauft.
Es fängt an zu regnen, mit einem verwegnen
Lächeln knöpf ich meinen Mantel zu.
Seit ein paar Minuten steh ich in den Fluten,
Und ich sehe aus wie ein Pingu-
In.

Die Blumen sind zerpflückt, ich habe einen Schnupfen bekommen,
Und grad verpasse ich die letzte Straßenbahn.
Es ist jetzt zehn vor eins, ich glaub, jetzt wird sie nicht mehr kommen,
Ich werde gehn, der Polizist sieht mich schon drohend an.
Morgen komm ich wieder, bring statt Rosen Flieder.
Vielleicht zieht sie Flieder den Rosen vor?
Oder bring Narzissen, man kann ja nie wissen?
Vielleicht kommt sie auch erst übermorgen?
Oder in zwei Wochen? Ich hab ihr versprochen,
Am Zoo auf sie zu warten, — auf mich ist Verlaß.
Dann bringe ich Nelken, die nicht so schnell welken,
Und danach nur noch Blumen aus Plas-
Tik.

Christine

Christine, ma belle, ma douce, ma jolie!
Je chante pour elle et pour elle je ris,
Elle est tendre et sauvage, elle est comme un torrent,
Qui me berce et m'entraine, elle est comme le vent.
Elle est comme le vent qui joue dans mes cheveux,
Capricieuse et changeante, elle est comme le feu
Qui brûle ma mémoire, je ne sais qui je suis,
Christine, ma belle, ma douce, ma jolie!

Si je ne sais pas qui dirige l'univers,
Si je ne sais pas pourquoi tourne la terre,
Je sais bien cependant que serai dans ses bras,
Je frémis comme frémissent les cordes sous mes doigts!
J'ai perdu la mémoire, l'orgueuil, l'assurance,
J'ai perdu le sommeil, la tête et la patience!
Mais ce que j'ai perdu ne pèse pas bien lourd:
J'ai perdu avec joie, pour gagner son amour!

Je me ferais noble pour lui faire plaisir,
Je deviendrais sage, gendarme ou fakir,
Ou pompier ou ministre et si elle veut bien
Je reste qui je suis et ne deviendrai rien.
Je changerais pour elle mes anciennes opinions,
Et je ferais des siennes mes nouvelles convictions!
Je lui cèderais tout, mais lui refuserais
Si elle me demandait de cesser de l'aimer.

Christine, ma belle, ma douce, ma jolie!
Je chante pour elle et pour elle je vis!
Elle est tendre et sauvage, elle est comme un torrent
Qui me berce au rivage, qui m'entraine en riant.
Elle est douce, elle est tendre, et moi, je l'aimerai
Cent mille ans et trois jours, jusqu'à la Saint-Jamais;
Et tant pis si demain je meurs au point du jour:
J'aurai vécu dans ses bras plus de mille ans d'amour!

Songez que maintenant

Songez que maintenant
La lune pâle est sur la ville,
Songez que maintenant
Dans cette nuit douce et tranquille
     Un homme ferme les yeux.
     A jamais dans cette seconde
     Et dans un lit miséreux
     Un rêveur est venu au monde.

Songez que vous avez
Du pain et du vin sur vos tables,
Songez que vous avez
Là des richesses incroyables!
     Songez à ceux qui la nuit
     Voient la lumière à vos fenêtres
     Qui n'ont ni table ni lit.
     Songez que la misère est traître.

Songez à ceux qui rient
Pour cacher qu'ils n'ont plus de larmes,
Songez à ceux qui crient
La voix brisée dans la vacarme,
     Et songez à ceux qui noient
     Leur désespoir et leur faillite;
     Et songez comme parfois
     Un verdict se prononce vite.

Songez que quelque part
Dans cette nuit sombre et secrète,
Songez que quelque part
On va compter les baïonnettes,
     Songez que s'il n'en manquait
     Rien qu'une seule à cette somme
     Cela pourrait épargner
     Peut-être alors la vie d'un homme.

     Je me demande parfois
     S'il faut quand même aimer ce monde;
     Il faut l'apprendre, je crois,
     à chaque instant, chaque seconde!

In Anlehnung an ein Gedicht von H. D. Hüsch „Bedenkt".
Copyright: Nobile Verlag, Kemnat bei Stgt.

Es gibt keine Maikäfer mehr

wenn ich vor dem neuen Parkhaus stehe denk ich manchmal dran

wie das früher hier mal aussah eh der große Bau begann: da ge

an der Einfahrt an der Kasse da war Schützes Haus und gleich

dort neben der Schranke da wohnte die alte Kraus. Bei der

stieg ich regelmäßig jedes Frühjahr übern' Zaun und ge

nauso regelmäßig wurde ich dafür verhau'n In den

Gärten wagten sich die Nachbarskinder nicht und so gab's da

rum zur Maikäfer-zeit viel mehr als sonst anderswo ich seh!

mich noch heute los ziehn mit dem großen Schuhkarton mit den

Luftlöchern im Deckel zu mancher Expedition; und ich

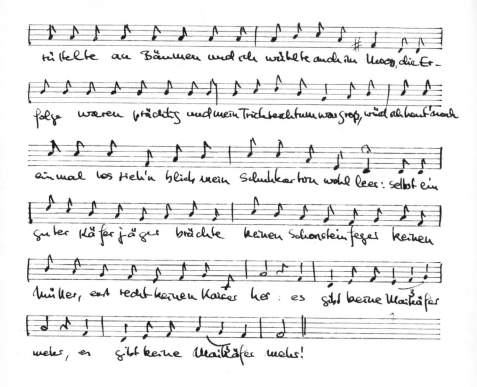

Wenn ich vor dem neuen Parkhaus stehe, denk' ich manchmal dran,
Wie es früher hier mal aussah, eh' der große Bau begann.
Da, gleich an der Anfahrt, bei der Kasse, da war Schlüters Haus
Und gleich dort, neben der Schranke, da wohnte die alte Krauß.
Bei der stieg ich regelmäßig jedes Frühjahr über'n Zaun,
Und genauso regelmäßig wurde ich dafür verhau'n.
In den Garten wagten sich die Nachbarskinder nicht und so
Gab's darin zur Maikäferzeit viel mehr als sonst anderswo.
Ich seh' mich noch heute loszieh'n mit dem großen Schuhkarton,
Mit den Luftlöchern im Deckel zu mancher Expedition.
Und ich rüttelte an Bäumen, und ich wühlte auch im Moos,
Die Erfolge waren prächtig, und mein Trickreichtum war groß.
    Würd' ich heut noch einmal loszieh'n, blieb mein Schuhkarton wohl
       leer,
    Selbst ein guter Käferjäger brächte keinen Schornsteinfeger,
    Keinen Müller, erst recht keinen Kaiser her.
    Es gibt keine Maikäfer mehr, es gibt keine Maikäfer mehr.

Hin und wieder sah der alte Schlüter meine Beute an.
Er war Maikäferexperte und erinnerte sich dran,
Daß die Käfer damals seine Plage war'n, daß sogar dem,
Der die meisten einfing, eine Prämie sicher war,
Daß die Kinder schulfrei kriegten für den Maienkäferfang,
Und er sagte, daß ihm damals mancher schöne Coup gelang.
Und die Zahlen, die er nannte, die beeindruckten mich tief,
So daß ich mit meiner Beute fast beschämt nach Hause lief.
Wenn ich heut' noch einmal halb soviel wie damals fangen könnt',
Würd' ich wohl zum König aller Maikäfersucher gekrönt.
Nicht, daß ich vergessen hätte, wie und wo man welche fängt,
Oder aus dem Alter raus bin, wo es einen dazu drängt.
   Nein, würd' ich noch einmal loszieh'n . . .

Es gibt wichtigere Dinge, aber ich schreibe trotzdem
Auf ein Birkenblatt die Noten für ein Käferrequiem.
Es gibt sicher ein Problem, dessen Erforschung sich mehr lohnt
als, warum denn heut' im Parkhaus wohl kein Maikäfer mehr wohnt.
Warum kriecht im Eichbaum, der davor steht, keiner im Geäst?
Wenn mir diese Frage letzten Endes keine Ruhe läßt,
Dann vielleicht, weil ich von ihnen einst gelernt hab', wie man summt,
Wie man kratzt und wie man krabbelt, wie man zählt und wie man brummt
Wie man seine Fühler ausstreckt und natürlich, weil ich find',
Daß sie irgendwie entfernte Namensvettern von mir sind.
Vielleicht ängstigt mich ihr Fortgeh'n, denn vielleicht schließ ich daraus,
Vielleicht geh'n uns nur die Maikäfer ein kleines Stück voraus.
   Denn würd' ich noch einmal loszieh'n . . .

Schüchterner Junge mit linkem Image

Im „Go-in" in der Berliner Bleibtreustraße fing er an — Reinhard Mey, damals noch Anfänger im Chanson-Geschäft, der sich freute, wenn sein Publikum eine oder sogar mehrere Zugaben verlangte. Und im „Go-in" fing auch sie an, seine Karriere, die nach dem „Grand Prix de la Chanson 1968" gestern ihren zweiten Höhepunkt hatte: Wahlfranzose Reinhard Mey erhielt in Berlin, wo er 1942 geboren wurde, seine erste Goldene Schallplatte. Eigentlich waren es zwei, laut Empfänger, „weil ich vergeßlich bin und soviel verliere".

Intercord, seine Schallplattengesellschaft, hatte sich für die Verleihung etwas Besonderes einfallen lassen. Eine U-Bahn-Fahrt quer durch Berlins Untergrund, was nicht gleichbedeutend sein soll mit dem, was Reinhard Mey musikalisch bietet. Da gab es in kalter U-Bahn noch kälteres Bier, aber um beides auszugleichen einen wärmenden Schnaps, Buletten und anderes Kulinarisches.

Mittendrin: der „Künstler", ein wenig schüchtern, aber gerade deswegen sympathisch. Aus seiner Gammelzeit in England und Frankreich hat er sein linkes Image, das sich in langen Haaren, Jeans, Stiefeln und Lederjacke ausdrückt, behalten. Noch merkt man ihm nichts von der Publicity-Mühle an. Vielleicht bewahrte ihn bisher die Neigung, sich gern „durchzuwursteln" davor, daß er vermutlich von dem ganzen Rummel nicht viel hält. Auf einem Abstellgleis dann, vor gelbem BVG-Hintergrund und nach einer Leierkasteneinlage durch den Sänger persönlich, bekam er sie endlich, die „Goldene". Und dazu eine — ebenfalls goldene — Mini-Schallplattenpresse, für weitere Scheibchen im Do-it-yourself-Verfahren.

122 000mal wurde Reinhard Mey bisher verkauft, symbolisch natürlich. Aus dem Amateur entwickelte sich ein Profi, doch seine Lieder haben sich nicht geändert. Er besingt ganz alltägliche Geschichten, Erlebnisse aus seiner „Bude", Erinnerungen an seine Wirtin, Freuden und Schwierigkeiten, die man mit einem Computer haben kann, die man selbst kennt. Er textet und komponiert fast alle seine Lieder allein, für einen „Kollegen" — Udo Jürgens — schrieb er bereits zwei Chansons, und Françoise Hardy hat schon „bestellt". „Reinhard Mey life" heißt sein neues Doppelalbum, mitgeschnitten auf dem Konzert vom 12. Dezember in Berlin. Seine Fans und sicher auch andere werden sich freuen.

Text: -be, Bild: Stark-Otto

Die Zeit des Gauklers ist vorbei

Die Zeit des Gauklers ist vorbei,
Verklungen Sang, Schnurrpfeiferei,
Verstummt die Laute, die der Musikant
Noch in den Händen hält,
Der Tisch verwaist, die Gläser leer,
Das Fest ist aus. Es bleibt nichts mehr,
Als abzugeh'n, man sagt:
Der Narr ist traurig, wenn der Vorhang fällt.
   Und das Fest, das wir endlos wähnen,
   Hat doch wie alles seinen Schluß.
   Nun keine Worte und keine Tränen,
   Alles kommt, wie's wohl kommen muß.

Das Feuer fast herabgebrannt,
Malt flackernd Schatten an die Wand,
Schon steht der Morgen vor den Fenstern,
Noch vom heißen Atem blind.
Vom Wein sind Kopf und Zunge schwer,
Kein Lärmen, keine Späße mehr.
Jetzt zieht die Stille in das Haus,
Wo wir fröhlich gewesen sind.
   Und das Fest . . .

Lebt wohl, der Abschied ist gemacht,
Die Zeit des Gauklers ist vollbracht.
Denk an mich ohne Bitternis,
Wenn ich mein Instrument jetzt niederleg',
Hab' vieles falsch gemacht, gewiß,
Wenn du vergessen kannst, vergiß.
Dann werd' ich morgen nicht mehr sein
Als nur ein Stein auf deinem Weg.
   Und das Fest . . .

Die Zeit des Gauklers ist vorbei

Die Zeit des Gauklers ist vorbei, verklungen Sang
schnurpfeiferei verstummt die Laute die der
Musikant noch in den Händen hält, der Tod verwaist, die
Gläser leer das Fest ist aus, es bleibt nichts mehr als
als zu gehen man sagt der Narr ist traurig wenn der Vorhang fällt
und das Fest das wir endlos wähnen hat doch
wie alles seinen Schluß, unsere Worte unsere
Tränen alles kommt wie's wohl kommen muß

Kaspar

Sie sagten, er käme von Nürnberg her und er spräche kein Wort.
Auf dem Marktplatz standen sie um ihn her und begafften ihn dort.
Die einen raunten: " er ist ein Tier "
Die anderen fragten:" Was will er hier ? "
Und , daß er sich zum Teufel scher', so jagt ihn doch fort!

Sein Haar in Strähnen und wirre, sein Gang war gebeugt.
" Kein Zweifel, dieser Irre ward vom Teufel gezeugt."
Der Pfarrer reichte ihm einen Krug
Voll Milch, er sog in einem Zug.
" Er trinkt nicht vom Geschirre, den hat die Wölfin gesäugt!"

Mein Vater, der in unserem Ort der Schulmeister war,
Trat vor ihn hin, trotz böser Worte rings aus der Schar;
Er sprach zu ihm ganz ruhig, und
Der Stumme öffnete den Mund
Und stammelte die Worte:" Heiße Kaspar ".

Mein Vater brachte ihn in's Haus, " Heiße Kaspar"
Meine Mutter wusch seine Kleider aus und schnitt ihm das Haar.
Sprechen lehrte mein Vater ihn,
Lesen und schreiben, und es schien,
Was man ihn lehrte, sog er in sich auf - wie gierig er war!

Zur Schule gehörte derzeit noch das Üttinger Feld,
Kaspar und ich pflügten zu zweit, bald war alles bestellt;
Wir hegten, pflegten jeden Keim,
Brachten im Herbst die Ernte ein,
Von den Leuten vermaledeit, von deren Hunden verbellt.

Ein Wintertag, der Schnee war frisch, es war Januar.
Meine Mutter rief uns:" Kommt zu Tisch, das Essen ist gar!"
Mein Vater sagte:"..... Appetit",
Ich wartete auf Kaspar Schritt,
Mein Vater fragte mürrisch:" Wo bleibt Kaspar? "

Wir suchten, und wir fanden ihn auf dem Pfad bei dem Feld.
Der Neuschnee wehte über ihn, sein Gesicht war entstellt,
Die Augen angstvoll aufgerissen,
Sein Hemd war blutig und zerrissen.
Erstochen hatten sie ihn, dort am Üttinger Feld!

Der Polizeirat aus der Stadt füllte ein Formular.
"Gott nehm' ihn hin in seiner Gnad", sagte der Herr Vikar.
Das Üttinger Feld liegt lang schon brach,
Nur manchmal belln mir noch die Hunde nach,
Dann streu ich ein paar Blumen auf den Pfad, für Kaspar.

Musikanten sind in der Stadt

Leute, nehmt eure Wäsche weg, schließt die Gartentür zu:
Musikanten sind in der Stadt.
Bringt die Katze ins Versteck, die Wäscheleine dazu:
Musikanten sind in der Stadt.
Und was da nicht ganz niet- und nagelfest ist,
Und was keinen Riegel vorhat, das wird sofort geklaut
Und bleibt ewig vermißt: Musikanten sind in der Stadt.
Erbarmen, Musikanten sind in der Stadt.

Dreht den Bierhahn dicht, sichert dreifach das Tor:
Musikanten sind in der Stadt.
Löscht im Fenster das Licht, nagelt Bretter davor:
Musikanten sind in der Stadt.
Sie singen und gröl'n bis der Morgen anbricht, sie würfeln und
Fressen sich satt und raufen und saufen und zahlen dann nicht:
Musikanten sind in der Stadt.
Erbarmen, Musikanten sind in der Stadt.

An den Gasthof schreibt Ruhetag, alle Betten belegt:
Musikanten sind in der Stadt.
Noch bevor es wie ein Schicksalsschlag durch die Herberge fegt:
Musikanten sind in der Stadt.
Sie kneifen eure Mägde mit frevelnder Hand, verwüsten die Stuben euch
    glatt.
Wer Lieder singt, steckt euch die Herberg' in Brand:
Musikanten sind in der Stadt.
Erbarmen, Musikanten sind in der Stadt.

Krämer, holt eure Habe rein, die Budiken schließt ab:
Musikanten sind in der Stadt.
Zählt die Flaschen Bier und Wein, laßt die Gitter herab:
Musikanten sind in der Stadt.
Die plündern den Keller, das Lager zerfällt, die feilschen und fordern
    Rabatt
Und zu guter Letzt samt der Kasse das Geld:
Musikanten sind in der Stadt.
Erbarmen, Musikanten sind in der Stadt.

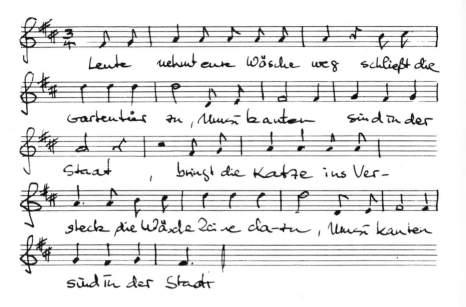

Leute nehmt eure Wäsche weg schließt die Gartentür zu, Musikanten sind in der Staat, bringt die Katze ins Versteck die Wände teile dazu, Musikanten sind in der Stadt

Bürger, bringt euch in Sicherheit, legt die Schrotflinte an:
Musikanten sind in der Stadt.
Und macht Schwefel und Pech bereit, dann rette sich wer kann:
Musikanten sind in der Stadt.
Die schänden eure Frauen und Töchter alsbald, doch nicht nur, was Röcke an hat,
Die machen auch vor Greis und Haustier nicht halt.
Musikanten sind in der Stadt.
Erbarmen, Musikanten sind in der Stadt.

Oh, Heiliger Barrabas, Schutzpatron dieser Stadt,
Musikanten sind vor dem Tor.
Zerschlagt Geige und Kontrabaß, die Trompeten walzt platt:
Musikanten sind vor dem Tor.
Oh, schützt uns vor Sturmesflut, Feuer und Wind, vor Pest und vor Epidemien
Und vor Musikanten, die auf Reisen sind,
Oder laß' mich mit ihnen zieh'n.
Erbarmen, oder laß' mich mit ihnen zieh'n.

Schade, daß du gehen mußt

Schade, daß du gehen mußt,
Lang vor deiner Zeit,
So wie ich die Dinge seh',
Tut's dir selbst schon leid.
Einfach so hinaus zu geh'n,
Hast du nicht bedacht,
Was dein Fortgeh'n uns mein Freund
Für einen Kummer macht.

Hier liegt deine Pfeife noch
Und dein Tabakstopf,
Daß du nicht mehr rauchen sollst,
Geht nicht in meinen Kopf.
Hier steht noch ein Birnenschnaps,
Den ich mir jetzt eingieß',
Dir zum Gruß, der keinen Schluck
Im Glas verkommen ließ.

Schade, daß du gehen mußt,
Ausgerechnet heut',
Dabei hättest du dich so
An dem Bild erfreut.
Wie die Freunde um dich steh'n,
Und wie sie verstört
Witzchen machen,
Damit man keinen sich schneuzen hört.

Allen hast du das vererbt,
Was bei dir rumstand,
Deine Schätze eingetauscht
Für eine Handvoll Sand,
Geige, Bücher, Bilder, Kram
Und dein Lieblingsglas.
Bloß das Erben macht uns heut'
Doch keinen rechten Spaß.

Schade, daß du gehen mußt
Vor der Erdbeer-Zeit.
Auch dein Most vom vor'gen Jahr
Wäre bàld soweit.
Du, der heute den noch siehst,
Der uns're Wege lenkt.
Frag' ihn unverbindlich mal,
Was er sich dabei denkt.

Sicher geht es dir bei ihm
Eher recht als schlecht.
Sicher sucht er grade wen,
Der dort mit ihm zecht.
Hoch auf deiner Wolkenbank
Bei Tabak und Wein,
Leg zwischen zwei Flaschen mal
Ein Wort für uns mit ein.

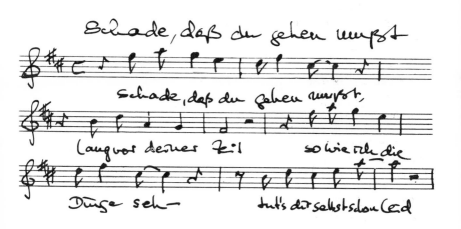

Tagebuch

Montag, der 6. Januar:
Draußen liegt alles tief verschneit,
Das Wetter scheint mir doch zu klar,
Tau'n wird's wohl nicht in nächster Zeit.
Wir spielen Karten seit heut früh,
Der Vorarbeiter sieht uns zu.
Während ich aufsteh, Kaffee brüh,
Mogelt Antonio immerzu.

Refrain:
Ich will nach Haus, ich hab genug,
Ich bin schon viel zu lange hier!
Ich springe auf den nächsten Zug
Und lasse alles hinter mir!

Donnerstag, der 15. Mai:
Heut kam Post für den alten Frank;
Ein Brief und ein Photo dabei,
Er klebt es grad an seinen Schrank.
Ich wüßte gerne: Was macht ihr?
Mein Bruder schreibt schon lang nicht mehr,
Und daß ich Post bekam von dir,
Ist auch ein paar Wochen her.

Refrain

Mittwoch, der 20. August:
Der alte Frank hat schlappgemacht;
Die Hitze schlägt ihm auf die Brust.
Sie haben ihn zum Arzt gebracht.
Der Spanier putzt sein Grammophon.
Der Vorarbeiter schuldet mir
Noch einen halben Wochenlohn
Und Sergio noch drei Flaschen Bier.

Refrain

6. November, Donnerstag:
Arbeit bei Sonnenuntergang.
Kürzer die Zeit von Tag zu Tag
Und schien mir dennoch nie zu lang.
Ich war am Bahnhof, um zu sehn,
ob es schon für die Karte reicht,
Dann blieb ich vor der Speere stehn,
Mein Mut hat wieder nicht gereicht!

Refrain

Herbstgewitter über Dächern

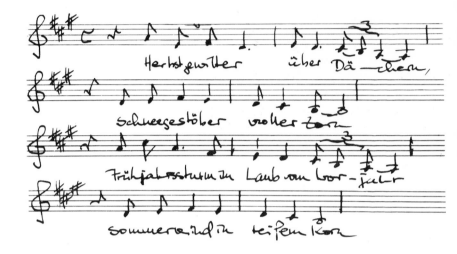

Herbstgewitter über Dächern, Schneegestöber voller Zorn,
Frühjahrssturm im Laub vom Vorjahr, Sommerwind im reifen Korn.
Hätt' ich all das nie gesehen, säh', für alles andere blind,
Nur den Wind in deinen Haaren, sagt ich doch, ich kenn' den Wind.

Staßenlärm und Musicboxen weh'n ein Lied irgendwo her.
Düsengrollen, Lachen, Rufen, plötzlich Stille rings umher.
Hätt' ich all das nie vernommen, wär' für alles taub und hört'
Nur ein Wort von dir gesprochen, sagt ich doch, ich hab' gehört.

Bunte Bänder und Girlanden, Sonne nach durchzechter Nacht,
Neonlicht im Morgennebel, kurz bevor die Stadt erwacht.
Wär' mir das versagt geblieben, hätte ich nur dich geseh'n,
Schließ ich über dir die Augen, sagt ich doch, ich hab' geseh'n.

Warten, Hoffen und Aufgeben, Irren und Ratlosigkeit.
Zweifeln, Glauben und Verzeihen, Freudentränen, Trunkenheit.
Hätt' ich all das nie erfahren, hätt' ich all das nie erlebt,
Schlief ich ein in deinen Armen, sagt ich doch, ich hab' gelebt.

Beinahe ein Liebeslied

Ich wollte dir ein Liebeslied schreiben,
Eins, das nur von dir erzählt,
In dem nicht die Triebe die Liebe vertreiben
Und das nicht in die Rubrik „Schnulzen" fällt.
Es sollte dir einfach „ich liebe dich" sagen
Mit ein paar Tönen, ein paar Worten dazu, —
Doch es ist gar nicht einfach, das einfach zu sagen,
Vielleicht fehlen mir einfach die Worte dazu.

Ich wollte dir gern ein Liebeslied schenken,
So wie man einen Strauß Blumen verschenkt.
Ich wollt' tausend Bilder für dich erdenken
Und hab meine Liebe in Reime gezwängt;
Ich habe gegrübelt in langen Stunden,
Hab Bogen und Blätter mit Zeilen gefüllt
Und hab sie nicht neu genug für dich gefunden.
Enttäuscht hab ich sie zerrissen, zerknüllt.

Ich habe gelernt, Probleme zu nennen
Und wie man heiße Eisen anfaßt
Und losläßt, ohne sich dran zu verbrennen,
So, wie es einem gerade paßt.
Ich habe gelernt, gescheit zu erzählen
Vor feinen Leuten um Mitternacht,
Für jeden das richt'ge Cliché auszuwählen
Und zu tun, als hätt ich es selber erdacht.
Hab Lieder von weltbewegenden Dingen,
Doch das, was mir am nächsten liegt, —
Ganz einfach „ich liebe dich" zu singen,
Hab ich bis heute nicht fertiggekriegt!

Hamm, Hauptbahnhof

Am Abend , wenn der Wartesaal
Im Hauptbahnhof zur Piazza wird,
Wenn sich der Süden jedesmal
Bis in den Norden verirrt,

Dann wird der Kornschnaps zum Pastis,
Dann gibt's Bier, das nach Birra schmeckt,
Dann riecht's nach Knoblauch und Anis.
Wenn der Lärm den Schmutz verdeckt,

Hält das Signal sich für ein Minarett,
Der Zeitungsmann sich für den Muezzin,
Der Bahnhofsvorsteher für Mohammed
Und heißt die Züge gen Mekka ziehn.

Dann wird der Kiosk zum Basar,
Der Blumenhändler zu Vergil,
Die Bahnhofspolizei sogar
Wird zur Guardia Civil.

Dann erzählt Luis von Baneza
Und Alexis von Xanthe
Und Ismael von Ankara,
Und ich erzähl vom Tegeler See.

Dann geht ihr Zug nach Essen weiter:
Um null Uhr sechsunddreißig haargenau,
Archimedes wird wieder Gleisarbeiter
Und Carmencita Reinemachefrau.

Um die Zeit wird am Imbißstand
Statt Espresso Kaffe gebrüht,
Vergil schließt seinen Blumenstand,
Die Windrose ist verblüht.

Im Wartesaal beim letzten Glas.
Wenn schon der Ober die Kasse zählt,
Sitz ich,erzähl mir selber was,
Wenn mir kein andrer was erzählt.

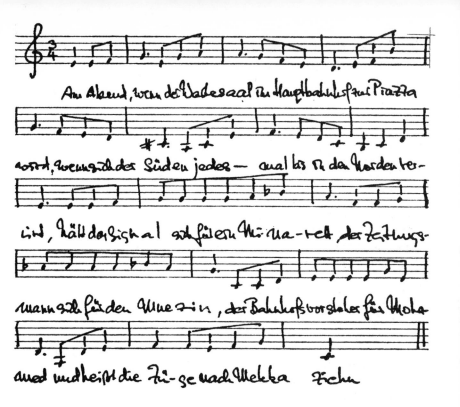

Dann steh ich auf, dreh eine Zigarette
In schmutzigen Fingern, steif und klamm;
Tu' so, als ob ich was zu tun hätte,
Um null Uhr fünfzig, Hauptbahnhof Hamm.

Abscheuliches Lied
für abscheuliche Leute

Im Warenhaus, im dritten Stock
Stehn Dracula und Frankenstein,
Laden zu Kauf und Nervenschock,
Zur Spielwarenausstellung ein.
Dort steht alles aufgereiht,
Was ein Kinderherz erfreut:
Nagelbrett und Daumenschrauben
Für die, die ans Christkind glauben.
Folterwerkzeug, Messer sind
Lohn nur für ein braves Kind!

Seht! Am Tischleindeckdich dort
Verkauft ein ausgedienter Legionär, –
Zeigt Vater-Mutter-Kindermord
Mit Katapult und Schießgewehr;
Starkstromtod, Elektrofalle
Aus dem Baukasten für alle.
Schreibt, wollt ihr noch mehr davon,
Der Warenhausdirektorin, –
Eierchen voll Napalmgas
Legt euch dann der Osterhas!

Alle Vöglein sind schon da:
Supersabre und Starfighter,
Mig, Mirage, juchheirassa,
Zeigt stolz der Abteilungsleiter:
Kleine Bomben und Granaten
Fallen auf die Zinnsoldaten!
Raus: Aladins Wunderlampe!
Rein: Raketenabschußrampe!
Panzerfaust und Zimmerflak
Trägt der Nikolaus im Sack!

Im dritten Stock im Warenhaus
Rolln $, DM, Franken im Überfluß.
Endlich kommt die Bilanz heraus:
Vom Reingewinn der Überschuß

Fließt, wie der Präsident beteuert,
Laut Aktiengesetz unversteuert
Dem Bau von Knastanstalten zu.
Der Rest fließt für die Seelenruh'
(Daß jeder sich vor Rührung schneuz'),
Als Spende an das Rote Kreuz!

Im dritten Stock fiel d'rauf ein Schuß, –
Da ward unschuldig Blut vergossen,
Da ward, laut Aufsichtsratsbeschluß,
Der Weihnachtsmann erschossen . . .

Lied, auf dem Grunde eines Bierglases gelesen, ode Vor mir auf dem Tisch ein Krug voller Bier

Vor mir auf dem Tisch: ein Krug voller Bier,
Eine weiße Mütze von Schaum darauf:
So hab ich es gerne, so sitz ich oft hier
Und räume in meinen Gedanken auf.
Und während ich zusehe, wie sich das Licht
In tausend funkelnden Perlen bricht,
Denke ich an alles und denke an nichts,
An gestern und Hopfen, an morgen und Malz,
An meine Zeche beim jüngsten Gericht,
An Revolutionen und Griebenschmalz.
Dann kommt mir die Frage in den Sinn,
Weshalb ich überhaupt noch am Leben bin.
Es kracht im Gebälk rings um mich her,
In Kindergärten und Kirchen sogar.
Und wenn ich verschont blieb, leit ich's daraus her,
Daß ich die meiste Zeit in der Kneipe war.
Das heißt: Hier bin ich sicher, draußen brennt's allenthalben;
Daraufhin bestelle ich mir noch einen Halben.

Platzte jetzt Charon zur Kneipentür rein,
Mitten in solche Gemütlichkeit,
Setzte sich zu mir im Lampenschein,
Gäb mir zu verstehen: jetzt ist's an der Zeit.
Damit ich's verstehe, fegte er mit einem Wisch
Mir meinen vollen Krug Bier vom Tisch
Mit den Worten: „Auf geht's, mein Freund, über den Styx,
Noch vorm Morgengrauen wird übergesetzt,
Und schimpfen und fluchen, das hilft dir nix!"
Ich sagte: „Herr Charon, noch nicht jetzt,
Rationell ist das nicht, wenn Sie nur für mich fahren!"
(Ich bestell mir 'nen Halben und für Charon 'nen Klaren)
„Komm'n Sie lieber nochmal in zwei bis drei Jahren,
Bis dahin machen uns die Großen 'nen neuen Krieg,
Damit die Opfer vom letzten nicht vergebens waren,
Und dann wird ihr Kahn so voll, daß er sich biegt!"
So gelingt es mir, Charon selbst einzusalben;
Er geht, ich bestelle mir noch einen Halben.

In meiner Kneipenphilosophie
Geigt mir ein Geiger unentwegt
In meinem Mittelohr „Jalousie",
So schaurig, daß mir meine Brille beschlägt.
Und dann geigt er in der Eustach'schen Röhre,
Und wenn ich ihn dann ganz deutlich höre,
Dann fühle ich mich wie neugeboren,
Und alles verfliegt, was mich vorher gequält;
Denn ich schließe: Noch ist ja nicht alles verloren,
Solange der Geiger geigt und noch nicht zählt!
Vor'm Kneipenfenster dämmert ein neuer Morgen,
Und der Wirt wird mir wohl noch 'nen Halben borgen!

Vor mir auf dem Tisch ein Krug voller Bier,
Eine weiße Mütze von Schaum darauf:
So hab ich es gerne, so sitz ich oft hier
Und räume in meinen Gedanken auf.

Das Geheimnis im Hefeteig
- oder der Schuß im Backofen

Soweit ich mich noch erinnern kann,
Fing alles mit einem Kuchen an,
Einem Apfelkuchen, genauer gesagt,
An einem 12. war's, an einem Donnerstag.
Ich hatte, um ihr eine Freude zu machen,
Streng nach dem Kochbuch allerlei Sachen,
Wie Hefe und Mehl mit Äpfeln vermengt,
Dann alles in eine Backform gezwängt,
In den Teig noch „Herzlich willkommen" geritzt
Und alles auf kleinem Feuer erhitzt.

Was dann geschah, geschah unheimlich schnell:
Aus dem Backofen schoß es leuchtend und grell.
„Der Kuchen ist fertig", dachte ich schon.
Dann gab's eine mächtige Detonation,
Und die Backform flog mir um die Ohren,
Dann hab' ich wohl die Besinnung verloren.
Ein Feuerwehrmann schleifte mich vor die Tür.
Erst langsam kam ich wieder zu mir.
Aus der Menge der Schaulustigen im Frei'n
Redete ein Mann krauses Zeug auf mich ein:

„Butterblume an Dornröschen. Nordwind singt im Ofenrohr!"

Um ihn standen sehr unauffällig und stumm
Drei Herren in Trenchcoat und Schlapphut herum.
Die zerrten mich an den Straßenrand
In einen Wagen, der mit laufendem Motor dort stand.
Dann begannen sie, an meiner Kleidung zu suchen,
Wohl nach den Resten von meinem Kuchen.
Ich sagte, „Es war'n Eier und Äpfel dabei!"
Man meinte, daß ich wohl ein Witzbold sei,
Und schlug mir ein Funksprechgerät hinters Ohr,
Worauf ich abermals die Besinnung verlor.

Von zwei Lampen geblendet erwachte ich,
Eine Stimme im Dunkeln entschuldigte sich
Und sagte, meine Entführer wär'n

G'rad gut, um tote Briefkästen zu leer'n,
Und ich sollte jetzt endlich die Formel hergeben,
Andernfalls wäre mein Leben . . .
Da unterbach ihn das Telefon,
Aus dem Hörer hört ich: „Hier Otto Spion!
Wir haben die Formel ausfindig gemacht.
Sie ist hier am Flugplatz, Gepäckschließfach acht!"

„Robinson an Mäusezähnchen. Bratkartoffeln blühen blau."

Fluchtartig verließen alle den Raum
In Richtung Flugplatz und hatten kaum
Die Türe hinter sich zugeklinkt,
Da erschien ein and'rer Agentenring.
Der Anruf käm' von ihrer Seite,
Sagen sie mir, und daß es sie freute,
Daß ich nun in ihrem Schutze sei
Und wie bahnbrechend meine Erfindung sei
Und wie wichtig für den Frieden der Welt,
Daß sie nicht in die falschen Hände fällt.

Doch jetzt sei die Zeit nicht für Diskussion'n,
Sie brachten mich an die Bahnstation
Und in einen Zug, und nach kurzer Zeit
Bremste es scharf, es war wieder so weit.
Der Zug stand still, und an den Türen
Erschienen, um mich erneut zu entführen,
Vier mir noch nicht bekannte Herr'n,
Ich ließ mich in ihren Wagen zerr'n
Und wartete geduldig und zahm,
Daß die Sprache auf meine Formel kam.

„Tangokönig an Walküre. Der Pirol pfeift heute Nacht!"

Ich hatte doch nur einen Kuchen geplant,
Daß es Sprengstoff würde, hab' ich nicht geahnt.
Nur weiß ich mit den Zutaten nie Bescheid.
Sie lobten meine Bescheidenheit
Und meinten, mir sei da Großes gelungen,
Und boten mir gute Arbeitsbedingungen
Und angenehmes Betriebsklima an,
Von Seiten Regierung sei alles getan
Für eine fruchtbare Forschungsarbeit,
Bis mein Flugzeug ging, blieb nur noch wenig Zeit.

Da sie einen entschlossenen Eindruck machten,
ließ ich mich in ein Flugzeug verfrachten,
Doch kaum hatte ich mich angeschnallt,
Erschien eine malerische Gestalt
Und zwang, welch unerwartete Wandlung,
Das Flugzeug noch vor dem Starten zur Landung.
Nach diesem Akt kühner Luftpiraterie
Bedurfte es nicht vieler Phantasie,
Um der nächsten Entführung entgegenzuseh'n,
Doch zu meinem Erstaunen ließ man mich geh'n.

„Rumpelstilzchen ruft Schneewittchen. Stroganoff, nix Casatchok!"

Erst als ich in der Empfangshalle stand,
Sah ich die Agenten allesamt,
Inzwischen mir alle persönlich bekannt,
Doch anscheinend war ich nicht mehr int'ressant.
Mit sich selbst zu beschäftigt, fotografierten
Sie sich gegenseitig und spionierten
Der Formel nur noch untereinander nach.
Ein netter Agent, den ich darauf ansprach,
Erklärte mir das und half mir noch aus
Mit dem Fahrgeld für die U-Bahn nach Haus.

Das Ganze ist längst schon Vergangenheit,
Ich koch' nur noch manchmal von Zeit zu Zeit
Und dann auch nur noch Tütensuppen und so,
Also Sachen ganz ohne Risiko.
Ich hätte auch alles schon längst vergessen,
Käme nicht neulich unterdessen
Ein Brief von der Spionageabwehr.
„Inhalt streng geheim" stand auf dem Couvert.
„Wie wir aus geheimer Quelle erfahren,
waren sie vor zweieinhalb Jahren
In eine Sprengstoffaffaire verstrickt."

Daraufhin hab' ich ihnen mein Kochbuch geschickt.
Doch so, wie ich jetzt die Geheimdienste seh',
Gelang's ihnen allen noch lange, eh
Das Buch ankam, es zu fotokopieren
Und fleißig daran zu experimentieren.
Und so wird in den Laboratorien der Welt
Nach meinem Rezept Apfelkuchen erstellt,
Mit Äpfeln und Hefeteig, Zucker und Zimt,
In der Hoffnung, einmal explodiert er doch,
Und wenn sie nicht gestorben sind,
Dann backen sie heute noch.
Dann backen sie heute noch.

Klagelied eines sentimentalen Programmierers

Die 11x/13 war mein Passion,
Sie war meine Liebe, mein Stolz und mein Lohn!
Einst waren wir glücklich, und was uns verband,
War mehr als nur Symbole auf magnetischem Band!

Sie war eine Venus aus Drähten und Chrom,
Ich war Programmierers, hatt grad' mein Diplom.
Ich dichtete Tabellen
Für ihre Speicherzellen.
Ich liebte sie platonisch,
Sie liebte elektronisch.
Ich hörte ihr Rattern und Fiepen so gern,
Mir leuchteten ihre Lämpchen grad' als wie ein Stern!

Die 11x/13 war meine Passion,
Sie war meine Liebe, mein Stolz und mein Lohn!
Und was in ihr vorging, ahnte ich allein –
Oder glaubte zumindest, der einz'ge zu sein,

Bis vorige Woche Herr Bröselmann kam,
Ein „Heimlehrgangprogrammierer" vom Büro nebenan.
Sie hat mich belogen,
Mit Bröselmann betrogen!
Er hat sie gefüttert!
Und was mich erschüttert,
Ist, daß ich tags drauf eine Lochkarte fand,
Auf der „Oh, du göttlicher Bröselmann" stand!

Die 11x/13 war mein Passion,
Doch es war nur Berechnung und eiskalter Hohn . . .
Aber jetzt nehm ich Rache und schneide ihr – knapp –
Hinterlistig und gemein das Stromkabel ab!

Klagelied eines sentimentalen Programmierers

Die elf × sich dreschen war meine Passion, sie
war meine liebe, mein stolz und mein Lohn! Einst
waren wir glücklich und was uns ver- band, war viel
mehr als uns Symbo-le auf magnet isolien Band

Epitaph auf Balthasar

Wirrköpfe, Gammler, Pflastermaler, fragt mich nicht mehr nach Balthasar,
Dem Saufkumpan und Zechenzahler, der von uns ging vor einem Jahr!
Er ward in diese Welt geboren, war wie kein andrer drin verkommen,
Für alle Zeit ist er verloren: er hat ein schlechtes Ende genommen:
Er hat sozialen Rang erklommen!
Ihr Freunde und ihr Zecher Schar, betet mit mir für Balthasar!

Vor einem Jahr war es genau, da sagte Balthasar zu mir:
" Der Martinstag schlägt jeder Sau, nur mir nicht, garantier ich Dir!"
Wer wollte damals daran glauben, daß ihn Standesdomäne ritten,
Daß Wohlstand und high-life ihn rauben und reißen aus der
Freunde Mitten?
Sagt mir, laßt euch nicht länger bitten:
Wißt ihr noch vom vor'gen Jahr, war es nicht schön mit Balthasar?

Er prellte Steuer und den Zoll, und nie hat ihm sein Geld gereicht,
Kein Glas war ihm jemals zu voll und keine Arbeit je zu leicht!
Kein Hemd war schwärzer als das seine und keine Hosen mehr
in Lumpen
Kein Auge röter, und ich meine, so wie er konnte keiner pumpen!
Schade ist's, um den ich weine,
Um den, der unser Vorbild war, weinet mit mir um Balthasar!

Da geschah das Schicksalsschwere, daß ich aus Pfandleiher's Munde
Hört von Balthasars Karriere:" ja - sprach der - mein bester Kunde
Ist vorhin bei mir gewesen, frisch gewaschen und mit Kragen,
Seine goldne Uhr auszulösen, die bei mir seit Jahr und Tagen
Ein und ausgeht, sozusagen.
Er zahlte alles, und in bar, empfehln Sie mich Herrn Balthasar!"

Später las ich in der Zeitung, in die ich mein Frühstück pack:
Balthasar, Damenbekleidung, Neueröffnung Donnerstag!
So heiratete Bacchus' Sohn, der Freiheit über alles liebte,
Sich in die Damenkonfektion, welch Leben er dadurch versiebte,
Spürt schmerzlich jeder, der ihn liebte:
Der schlampig wie kein andrer war, ist jetzt der Bürger Balthasar!

Jetzt macht er "Männchen" vor seiner Frau, damit er an die Kasse darf,
Ist geizig, engherzig genau, der's Geld einst aus dem Fenster warf.
Wie teuer mußte er bezahlen, daß ihm ihre Schätze winken,
Er darf mit ihren Piepen prahlen, er schwor dafür, nie mehr zu trinken,
Sagt, kann ein Mensch noch tiefer sinken?
Vielleicht gefällt ihm das sogar, dem reichgeword'nen Balthasar?

Wirrköpfe, Gammler, Pflastermaler, wischt euch die Tränen vom Gesicht!
Den Ehrenmann und Steuerzahler, den rühren unsre Tränen nicht.
Laßt uns nicht länger Worte stammeln und unnütz sein! Vor allen Dingen
Laßt uns für eine Flasche sammeln, die will ich ihm dann heimlich bringen
Daraus soll'n ihm die Englein singen
Von dem, der unser Vorbild war: dem liederlichen, stets betrunkenen
Unvergessnen Balthasar!

Der Schuttabladeplatz der Zeit

Im Herzen von Chronosopol, zwei Megawatt nach Omega,
Zehn hoch zwölf Angström gegen Süd liegt, was bisher kaum jemand
Mit Ausnahme von drei Redakteuren,
Die einer Zeitschrift angehören, die Spürsinn für Affären hat:
Da also liegt, vom Eis befreit, der Schuttabladeplatz der Zeit:

Die Halde reinlich eingesäumt, wächterbewacht, rosenbesteckt,
Ein Monticulum, das sich bis fast an den Horizont erstreckt,
Geschützt durch niedre Maschenzäune,
Gesellschafts; und Verwaltungsräume, Vereinszimmer und Buchhaltur
Kein schöner Land in dieser Zeit, als der Schuttabladeplatz der Zeit.

Der Styx als bill'ger Wasserweg ward eigens hier kanalisiert.
Den Umschlaghafen weist ein Schild, das den Besucher informiert:
Hier könn' Familien Kaffee kochen,
Ein Schild, das nicht nur ausgesprochen, sondern auch überflüssig ist.
Vom Ufer scheint er eher breit, der Schuttabladeplatz der Zeit.

Kurz nach halb Uhr war es soweit, ein Wächter schlief beim Wachen
des Schildes ungeachtet, drang ich längs des Hafens landwärts ein
Und fand wie nicht anders zu erwarten,
Drei Herren, die im Abfall scharrten, die Redakteure wohlgemerkt,
In Bergeshöh'n und Tälern weit, im Schuttabladeplatz der Zeit.

Acht Augen sehen mehr als sechs, und also wühlten wir zu viert
Und fanden staunend, aufgeregt, in gutem Zustand konserviert:
Den Gordischen Knoten, aufgerissen,
Ein' Sisalteppich, angeb issen; und die Guillotine des Herrn Guillot
Bewältigte Vergangenheit am Schuttabladeplatz der Zeit!

Da lag der von der Vogelweide bei dem Käthchen von Heilbronn,
Die hohe Messe in h-Moll neben einem Akkordeon,
Neben gescheiten Argumenten,
Die Reden eines Präsidenten; Pornographie und Strafgesetz
In friedevoller Einigkeit am Schuttabladeplatz der Zeit

Dann wurde eine Kiste voll Papier beim Wühlen umgekippt:
Zwei Redakteure weinten leis', der dritte fraß sein Manuskript,
Weil sie Zeitungsartikel fanden,
Bei denen ihre Namen standen, sie schämten sich so gut es ging,
Sie knieten nieder, bußbereit, am Schuttabladeplatz der Zeit.

Seit gestern bin ich auf der Flucht, draußen vom Walde komm' ich her,
Und daß ich wiederkommen durfte, muß ich sagen, freut mich sehr!
Das sei mir Lehre für mein Streben:
Warum soll ich mir noch Mühe geben? Es landet alles, ganz egal,
Ob saublöd' oder ob gescheit,am Schuttabladeplatz der Zeit.

Früher

Früher, da stand ich, glaub's oder glaub's nicht,
Abend für Abend im Rampenlicht,
Da hatte ich Anzüge, sechs oder acht,
So, wie sie dir heute kein Schneider mehr macht!
So dick stand mein Name auf jedem Plakat,
So groß wie ein Laken, das kleinste Format!
Das regnete Blumen, egal, wo ich sang,
Da warteten Leute stundenlang
Vor meiner Garderobe, nie wen'ger als zehn,
Um mich einmal aus der Nähe zu sehn!

Da war ich in höchsten Häusern zu Gast,
Da duzte ich Fürsten und Könige — fast —,
Da hab ich in erstklass'gen Kreisen verkehrt,
Da haben mich feine Damen verehrt:
Die Gräfin, ich weiß den Namen nicht mehr genau,
Aber ich kann dir sagen, eine adlige Frau,
Ihr Mann hatte Orden! War wohl Offizier.
Die begleiteten mich vierhändig am Klavier,
Wenn ich beim Empfang was zum besten gab, —
Und drei Arien bettelten sie mir jedesmal ab!

Man hat mich gefeiert, ich war ein Genie!
Du hätt'st mich mal sehn solln im Frack, — dernier Cri!
Da sprach ich französisch: Pardon! und Bravo!
S'il vous plaît, Madame, mes hommages — oder so.
Ich hab mit Konzerten die Welt bereist,
Ich hab in den besten Lokalen gespeist:
Immer Hummer und Kaviar, Langusten und Sekt!
Weißt du eigentlich, wie Kaviar schmeckt?
So war ich früher, glaub's oder glaub's nicht:
Sag mal, haste noch 'ne Zigarette für mich?

Das alles war ich ohne dich

Nichts als ein Nebel in der Nacht, nichts als ein ausgebranntes Licht,
Nichts als ein bleicher Wintermorgen, als eine Hoffnung, die zerbricht
Als eine ausgelesne Zeitung auf einer Bank im Autobus,
Ein Spiel mit 31 Karten, eine Geschichte ohne Schluß,
Nichts als die dürren, grauen Blumen, die eigentlich nur aus Versehn
Mit trocknen Wurzeln im Asphalt am Rand der Autostraßen stehn:
    Das alles war ich ohne dich!

Nur ein zerrissenes Gedicht, ein Lied, das ungehört verklingt,
Nur ein zu leis gesprochenes Wort, nur eine Saite, die zerspringt,
Ein Kinderhandschuh, irgendwo auf einen Gartenzaun gesteckt,
Zwei Namen, eingeritzt im Stamm, von Efeuranken überdeckt,
Ein Foto, mit der Zeit vergilbt, ein Brief, der ohne Antwort bleibt,
Ein Zettel, achtlos fortgeworfen, den der Wind vorübertreibt:
    Das alles war ich ohne dich!

Ein tiefer Schlaf in müden Augen, Friede nach der letzten Schlacht,
Ein neuer Tag in hellem Licht nach einer bangen, dunklen Nacht,
Junges Gras auf verbrannter Erde, Regen auf verdörrtes Land,
Die Freude, die die Kehle schnürt, wie eine unsichtbare Hand,
Ein liebevoll gedeckter Tisch, der Duft von Tannenholz im Herd,
Am Haustor der verlor'ne Sohn, der aus der Fremde wiederkehrt:
    Du sagst, all' das bin ich für dich!

Ikarus

Weiße Schluchten, Berg und Tal,
Federwolken ohne Zahl,
Fabelwesen zieh'n vor den Fenstern vorbei.
Schleier wie aus Engelshaar
Schmiegen sich beinah greifbar
Um die Flügelenden und reißen entzwei.

Manchmal frag' ich mich,
Was ist es eigentlich,
Das mich drängt, aufzusteigen
Und dort oben meine Kreise zu zieh'n?
Vielleicht um über allen Grenzen zu steh'n,
Vielleicht um über den Horizont hinauszuseh'n
Und vielleicht um wie Ikarus
Aus Gefangenschaft zu flieh'n.

Hagelschauer prasseln grell
Und ein Böenkarussell   *die Bö : rafale – (der Windstoß).*
Packt das Leitwerk hart mit unsichtbarer Hand.
Wolkenspiel erstarrt zu Eis,
Ziffern leuchten grünlich-weiß,
Weisen mir den Weg durchs Dunkel über Land.

Manchmal frag' ich mich. • • • • •

Städte in diesiger Sicht,
Felder im Nachmittagslicht,
Flüsse zieh'n silberne Adern durch den Plan,
Schweben in seidener Luft,
Im Landeanflug der Duft
Von frischgemähtem Heu um die Asphaltbahn.
Manchmal frag' ich mich,
Was ist es eigentlich,
Das mich drängt, aufzusteigen
Und dort oben meine Kreise zu zieh'n?
Vielleicht um über alle Grenzen zu geh'n,
Vielleicht um über den Horizont hinauszuseh'n
Oder vielleicht um wie Ikarus
Aus Gefangenschaft zu flieh'n.

Und für mein Mädchen

Und für mein Mädchen würd' ich,
Verlangte sie's von mir,
Honorig, ernst und würdig,
Mit höflicher Manier.
Ich würd für ihre Liebe
Gendarm oder Soldat
Und würde im Getriebe
Des Staats ein kleines Rad
Und ein Kapazitätchen, –
Ich würd' es für mein Mädchen.

Und für sie würd' ich bieder;
Bittet sie mich darum,
Verbrenn ich meine Lieder
Und bleib von da an stumm.
Ich würd' mein Leben ändern.
Würd ein Bigot aus mir –
In wallenden Gewändern
Läs' ich aus dem Brevier
Weise Moralitätchen, –
Ich tät' es für mein Mädchen.

Und für mein Mädchen, denk ich,
Legt' ich den Hochmut ab,
Und meinen Stolz verschenkt' ich.
Vom hohen Roß herab,
Ließ ich mich von ihr führen,
Wär froh mit meinem Los
Und hing an ihren Schnüren,
Ergeben, willenlos
Als ein Marionettchen, –
Ich tät es für mein Mädchen.

Und für mein Mädchen, glaub ich,
Steckt' ich die Welt in Brand,
Meine Freunde verkauft' ich,
Verriet mein Vaterland.

für mein Mädchen würd'ich, verlangte sie's von mir ho-no-rig, ehrbar und würdig, von höflicher Manier. Ich würde für ihre Liebe Gendarm oder Soldat und würde im Getriebe des Staats ein klei-nes Rad, und ein Ka-pa-zi-tätchen, ich würd'es für mein Mädchen

Ihr vertrau ich mein Leben,
Ihr Urteil hör ich nur,
Würd Ihr die Schere geben;
Und hing mein Leben nur
An einem seid'nen Fädchen, –
Ich gäb es für mein Mädchen.

Es schneit in meinen Gedanken

Es schneit in meinen Gedanken,
Und es weht kalt in meinem Sinn,
Und meine Träume umranken
Eisblumen, als wär's Januar darin.
Schlaft noch nicht ein, Ihr Zechkumpane
Laßt mich heute nacht nicht allein
Und laßt die Schwermut, die ich ahne
Uns einen Grund zum Zechen sein.
Trinkt mit mir, ich will mit Euch wachen,
Singt, bis das ganze Haus erdröhnt,
Bis unser Gröhlen, unser Lachen
Die Stille in mir übertönt.

Es schneit in meinen Gedanken.
Und es weht kalt in meinem Sinn,
Und meine Träume umranken
Eisblumen, als wär's Januar darin.
Kommt, trinkt auf die, die sich abwandten,
Ich glaube, daß aus ihrer Sicht
Sie mich vielleicht zu Recht verbannten,
Doch anders handeln konnt' ich nicht;
Die mich geliebt und nicht mehr lieben,
So hat Geschwätz und Zwistigkeit
Einen Keil zwischen uns getrieben,
Und falscher Stolz hat uns entzweit.

Es schneit in meinen Gedanken,
Und es weht kalt in meinem Sinn,
Und meine Träume umranken
Eisblumen, als wär's Januar darin.
Trinkt mit auf die, die ich in dieser Runde
Heute nacht unter uns vermiß,
Und ob wir uns in dieser Runde
Je wiederseh'n, ist ungewiß,
Denn uns wird alles wiederfahren,
Was uns da wiederfahren soll,
Trinkt darauf, daß wir Freunde waren,
Und wenn ihr geht, verlaßt mich ohne Groll.

Und es taut in meinen Sorgen,
Und ein Föhn weht durch meinen Sinn.
Trinkt mit mir, Brüder, bis zum Morgen,
Bis ich betrunken eingeschlafen bin.

Komm, gieß mein Glas noch einmal ein . . .

Komm, gieß mein Glas noch einmal ein
Mit jenem bill'gen roten Wein!
In dem ist diese Zeit noch wach.
Heut trink ich meinen Freunden nach.

Bei diesem Glas denk ich zurück
An euch, mit denen ich ein Stück
Auf meinem Weg gegangen bin,
Mit diesem Glas trink ich im Sinn
Nach Süden, Osten, West und Nord
Und find euch in Gedanken dort,
Wo immer ihr zu Hause seid,
Seh die Gesichter nach der Zeit
In meinem Glas vorüberziehen,
Verschwommene Fotographien,
Die sich wirr auseinanderreihn,
Und ein paar Namen falln mir ein . . .

Komm, gieß mein Glas noch einmal ein . . .

Karl, der sich nicht zu schade fand
Und, wenn es mulmig um mich stand,
So manche Lanze für mich brach,
Auch Klaus, der viel von Anstand sprach
Und der mir später in der Tat
Die beste Pfeife geklaut hat,
Mein Zimmernachbar bei Frau Pohl,
Der nach Genuß von Alkohol
Mein Zimmer unerträglich fand
Und alles kleinschlug kurzerhand;
So übte er sich damals schon
Für seine Weltrevolution.

Komm, gieß mein Glas noch einmal ein . . .

Dem stets betrunknen Balthasar,
Der immer, wenn er pleite war,
Seinen Kredit bei mir bekam,
Und wenn ich mich selbst übernahm,
Dann zahlte stets der Franz für mich,
Bis Balthasar die Schuld beglich.
Volker und Georg, die mit mir
Brüderlich teilten Schnaps und Bier,
Die fahrn zu dieser Zeit voll Rum
Auf irgendeinem Pott herum,
Auf irgendeinem Ozean,
Und spinnen neues Seemannsgarn . . .

Komm, gieß mein Glas noch einmal ein . . .

Verwechsle ich euch, vergaß ich dich,
Läßt mein Gedächtnis mich im Stich, –
Vieles ist schon so lange her, –
Kenn ich nicht alle Namen mehr,
So kenn ich die Gesichter doch,
Und ich erinnere mich noch
Und widme euch nicht wen'ger Raum,
Geschrieben haben wir uns kaum,
Denn eigentlich ging keiner fort:
In einer Geste, einem Wort,
In irgendeiner Redensart
Lebt ihr in meiner Gegenwart.

Komm, gieß mein Glas noch einmal ein . . .

Diplomatenjagd

Auf Schloß Hohenhecke zu Niederlaar,
— Es hat soeben getagt, —
Lädt Freiherr Bodo wie jedes Jahr
Zur Diplomatenjagd
Durch Wälder und Auen
Auf haarige Sauen,
In Wiesen und Büschen
Den Hirsch zu erwischen.
Den hat Freiherr Bodo für teures Geld
Am Vorabend selber hier aufgestellt.

Schon bricht es herein in Wald und in Flur,
Das diplomatische Corps,
Die Ritter vom Orden der Konjunktur,
Zwei Generäle zuvor
Bei Hörnerquinten
Mit Prügeln und Flinten.
Es folgt mit Furore
Ein Monsignore.
Selbst den klapprigen Ahnherrn von Kieselknirsch
Trägt man auf der Bahre mit auf die Pirsch!

Es knallen die Büchsen, ein Pulverblitz, —
Es wird soeben gesagt,
Daß Generalleutnant von Zitzewitz
Den Verlust seines Dackels beklagt.
Der Attaché Mehring
Erlegt einen Hering,
Den, tiefgefroren,
Die Kugeln durchbohren,
Noch in Frischhaltepackung, — und das sei unerhört! —
Ein Keiler ergibt sich, vom Lärm ganz verstört.

„Bewegt sich dort etwas am Waldesrand?"
(Der Ahnherr sieht nicht mehr recht).
„Das kriegt kurzerhand eins übergebrannt!"
(Denn schießen kann er nicht schlecht.

Ja, ganz ohne Zweifel:
Er schießt wie der Teufel!)
Man trägt ihn ganz leise
Bis dicht an die Schneise,
Man reicht ihm die Büchse, es prasselt das Schrot:
So findet ein Außenminister den Tod.

Daß der Ahnherr daraufhin noch „Waidmannsheil" schreit,
Hat alle peinlichst berührt.
Ihm wird ein Protestschreiben überreicht
(Besonders scharf formuliert),
Doch muß man dem Alten
Zugute halten:
Das war, bei Hubertus,
Ein prächtiger Blattschuß,
Und daß er das Wort Diplomatenjagd
Nur etwas zu wörtlich genommen hat!

Die Nacht bricht herein, und Schloß Hohenhecke
Bietet ein friedliches Bild:
Der Monsignore segnet die Strecke
Von leblosem, greisen Wild,
Schon fast vergessen,
Will ja doch keiner essen:
Die Veteranen,
Die zähen Fasanen,
Die Ente mit Rheuma,
Den Keiler mit Asthma.

Die Jagd wird begossen,
Und dann wird beschlossen:
Der Krempel wird, — weil man hier großzügig denkt, —
Dem nächsten Armenhaus geschenkt!
So wird auch den Ärmsten der Segen zuteil!
Es lebe das Waidwerk, dreimal Waidmannsheil!

Mein guter alter Balthasar

Es ist noch alles, wie es war,
Mein guter alter Balthasar,
Ich glaub, Du hast nicht viel verpaßt
Seitdem Du nun vor fast zehn Jahr'n
Ohne Pauken, ohne Fanfar'n
Den Löffel abgegeben hast.
Nein, ich glaub', Du hast nichts versäumt.
Und von dem, was Du Dir erträumt',
Wurde so wenig Wirklichkeit,
Was sich seit damals auf der Welt
Verbessert hat, ist schnell erzählt
Und kein Anlaß zur Heiterkeit.
Es ist noch alles wie es war,
Mein guter alter Balthasar.

Rechthaberei, Engstirnigkeit,
Mit denen Du Dich seinerzeit
vergebens rumgeschlagen hast,
Blüh'n und gedeih'n wie eh und je,
Und gleichgültig, wohin ich seh
Brodelt der Vorurteilsmorast.
Sogar Deine Generation
Verspießert und verkalkt auch schon
Und denkt genauso kleinkariert,
Nur altes Vorurteil ist jetzt
durch neues Vorurteil ersetzt,
Zu Theorien aufpoliert.
Es ist noch alles wie es war,
Mein guter alter Balthasar.

Kämst Du heute noch mal zurück,
Würdest Du noch einmal ein Stück
Auf Deinem Weg von damals geh'n,
Dir wär' hier alles wohlvertraut,
Gar nichts, das Dich vom Schemel haut
Ist, seit Du von uns gingst, gescheh'n.
Nur die Klugscheißer haben sich
In dieser Zeit beflissentlich
Schlimmer als Meerschweinchen vermehrt
Und haben blitzschnell über Nacht
Einen Haufen Junge gemacht,
Und das schulmeistert und belehrt.
Es ist noch alles wie es war,
Mein guter alter Balthasar.

Über soviel, das wir erhofft
Haben, habe ich nur zu oft
Die Enttäuschung runtergeschluckt.
Noch immer hat der Stärk're recht,
Geht es dem Außenseiter schlecht,
Lügt mancher Staatsmann wie gedruckt
Im Name der Barmherzigkeit
Schlagen sie sich noch immer breit,
Das Mittelalter ist nicht vorbei.
Und unser Traum von Toleranz
Und Gewaltlosigkeit starb ganz
Leis in der großen Keilerei.
Es ist noch alles wie es war,
Mein guter alter Balthasar.

So, die Bilanz hast Du geseh'n,
Das hat Deine Nachwelt in zehn
Langen Jahren alles vollbracht.
Sonst wär' nichts wesentliches mehr,
Und wenn es nicht zum Heulen wär',
Hätt' ich gern laut darüber gelacht.
Es wär' so leicht, zu resignier'n
Statt nachzuseh'n, statt zu probier'n,
Ob da nicht doch noch Wege sind,
Wie man ein Stück Welt besser macht,
Um von den Schwätzern ausgelacht
Zu werden: Menschenskind, der spinnt.
Ob ich's noch mal probier'? Na klar!
Mein guter alter Balthasar.

Reinhard Mey singt gute Chansons. aber…

Von Eva von Metzsch

Sein Repertoire ist groß. Es reicht vom sentimental-melancholischen Liebeslied über einen frechen Wildwest-Song bis zur ironischen Ballade über seine Vermieterin Frau Pohl. Und ·er hat als einziger Deutscher den Grand Prix de la Chanson Française: Reinhard Mey.

Reinhard Mey textet und komponiert selbst. Allein schon im Texten läßt er Frau Knef weit hinter sich. Nur ist er leider nicht so bekannt. Nun; das wird sich hoffentlich ändern.

Von Mey liegen folgende LP vor: „Ich wollte wie Orpheus singen", „Aus meinem Tagebuch" und „Ankomme Freitag, den 13." (Intercord: Stuttgart).

Um es gleich zu sagen: Wo er schildert, was er selbst erlebt hat, ist er am besten. Allein seine Auseinandersetzung mit Frau Pohl, der hartnäckig auf Sauberkeit und Ordnung bestehenden Zimmerwirtin, ist dissertationsreif. Und auch die „Diplomatenjagd" (wo zum Schluß, wie das Lied besagt, ein ebensolcher erlegt wurde) treibt einem Tränen der Freude in die Augen.

Leider gibt Reinhard Mey manchmal aber seiner romantischen Neigung zu sehr nach. Dann will er vom „Tisch der Reichen" essen, sehnt sich nach dem „Brotkorb der Mutter", verwendet Vokabeln wie Krug, Markt und Brunnen — alles wie aus Ludwig Richters Bildern.

Sozialkritik findet nicht statt. Kriegsgreuel gibt es in seinen Chansons nicht, und das Schlimmste, was ihm passiert, ist, wenn er es eilig hat und im Fahrstuhl steckenbleibt.

Mey hat, wie jeder andere, natürlich ein Recht darauf, seine Privaterlebnisse zu artikulieren. Er weiß auch, daß wir mit der Bombe leben und daß das Leben ein Schein ist. Auch seine Säuferpoesie sollte man ihm lassen. Aber er kann mehr. Das sollte er jetzt beweisen.

Reinhard Mey

Hab' Erdöl im Garten

Ich entschloß mich zur Züchtung der Riesenblaubeere,
Zur Wiederherstellung der Gärtnerehre,
Und um mir endlich selbst die Angst vor Pflanzen zu nehmen,
Auch begann ich mich bereits vor den Klempnern zu schämen.
Um zu zeigen, daß ich wirklich wie ein Profi klempnern kann,
Legt' ich selbst die Rohrleitung zur Riesenblaubeerstaude an.
Ich war gerade dabei, den letzten Meter zu bohren,
Da schoß eine schwarze Fontaine aus den Wasserrohren.
So schmutz'ges, fettes schwarzes Wasser kann kein Wasser sein,-
Das riecht wie Erdöl, schmeckt wie Erdöl, das muß Erdöl sein!
Und ich dachte, während meine Finger das Zeug noch prüfend rieben
An Kasulzke, der mir einst ins Poesiealbum geschrieben:
" Hab Erdöl im Garten, ob's stürmt oder schneit,
Und mit dem Ersparten üb' Treu und Redlichkeit ! "

Die Riesenblaubeere war natürlich schnell vergessen.
Ich füllte Töpfe, Kannen, Einwegflaschen , unterdessen
Konnten meine Nachbarn nicht mehr länger untätig warten
Und strömten mit Eimern in meinen Garten.
Und da kam auch schon, allen voran, ein Pressefotograf,
Noch bevor der erste Reisebus mit Schaulust'gen eintraf.
Ein Rentner aus der Nachbarschaft vergaß seine Arthrose,
Winkte Autos auf Parkplätze, verkaufte Tombola-Lose
Im Tulpenbeet stand auch eine Pommes-frites-Bude alsbald,
Hare Krischna und eine fahrbare Bedürfnisanstalt.
Ein gefürchteter Kinderchor kam, ein Ständchen zu bringen,
Zunächst mal orffsche Schulmusik, dann begannen sie zu singen:
" Hab Erdöl im Garten, ob's stürmt oder schneit,
Und mit dem Ersparten üb Treu' und Redlichkeit,"

Mein Erdölfund zog immer weitere Kreise,
Mein Garten wurde bald zum Ziel mancher Pauschalreise.
Ich sah viele alte Freunde, sich ihr Fläschchen Öl eingießen,
Die schon jahrelang nichts mehr von sich hören ließen.
Auch der Papst sandte eine Friedensbotschaft an mich ab
Und schenkte mir das Fahrrad, das ihm Eddy Merkx einst gab.
Eine Automobilfirma bot mir einen ganzen Haufen
Aktien, in der Hoffnung, ich würd' den ganzen Krempel kaufen.
Ein Konzertagent sagte: " Mann, ich mach' auf jeden Fall
In Ihrem Garten mein nächstes Jazz-Pop-Rock-Festval."
Selbst meine lang' verscholl'ne Freundin Annabelle schickte
Eine Handarbeit, in die sie selbst die Worte stickte:

" Hab Erdöl im Garten, ob's stürmt oder schneit,
Und mit dem Ersparten üb Treu' und Redlichkeit. "

Ich ließ mir meine Erdölsuchmethode patentieren,
Ließ die Ölflut in Tanks und Kessel kanalisieren,
Hatte schon den Bau einer Raffinerie erwogen,
Da rief mich plötzlich einer meiner Technologen:
" Das Vorkommen in Ihrem Garten", sprach er ungerührt,
" Ist die Pipeline , die vom Bodensee nach Wilhelmshaven führt."
So ist das Leben, - wie gewonnen, so zerronnen,
Darum' hab ich mich auf mein ursprüngliches Ziel besonnen.
Doch das harte Schicksal, unter dem ich grad' noch gestöhnt,
Hatte meine Gärtnermühe mit Erfolg gekrönt,
Denn mit Ketchup und Pommes-frites gedüngt, mit Bier begossen,
War die Riesenblaubeere mir zum Trost gesprossen,-
Eine Riesenblaubeere, groß wie ein Klavier.
Komm, hilf mir mal tragen, dann teil' ich sie mit dir.

Du bist die Stille

Du bist die Stille, in der jedes Wort von Haß
Und in der jeder Spott verstummt,
Und die mich wieder hören läßt,
Wenn Streit und Lärm und Zwistigkeit mein Ohr betäubt.
Was mich betrübt, verklingt in Dir,
Und selbst der laute Ehrgeiz schweigt
Auf einmal still.

Du bist der Ort, zu dem ich Zuflucht nehmen kann,
Wenn eine Schlacht verloren ist.
Und mit ihr eine Illusion,
Und man mich wieder lächelnd mißverstanden hat,
Der Quell, der meine Wunden kühlt,
Wenn ich zerschunden vom Alltäglichen heimkehr'

Du bist es, die mich nicht den Mut verlieren läßt,
Zweifel zerstreut, wo ich versag',
Und was gelingt, gelingt   durch Dich.
Du bist es, die mir manche Trauer leichter macht
Und jede Freude noch vertieft,
Du, die ich nie und nie genug besingen kann.

Das Lied von der Spieluhr

Sie schenkte mir, ich weiß nicht mehr, in welchem Jahr,
Und kann beim besten Willen auch nicht mehr sagen,
Ob's zu Weihnachten oder zum Geburtstag war,
Ein Kästchen, in buntes Papier eingeschlagen,

Ein Kästchen, rot und schwarz lackiert,
Im Holz mein Name eingraviert.
Manschettenknöpfe, dacht ich, doch dann
Fing das Kästchen zu spielen an.

Es spielte keinen Ton von stiller Weihnachtszeit,
Wie man's von einer Spieluhr wohl erwarten könnte.
Es war auch nicht „Üb immer Treu und Redlichkeit",
Nur eine Melodie, die in den Ohren tönte.

Ein Lied, das einem, unbekannt,
Bekannt vorkommt, von dem man ahnt,
Daß, wie man ihm auch wiedersteht,
Es nicht mehr aus den Ohren geht.

So stand die Spieluhr lange Zeit auf dem Kamin
Und immer, wenn sie spielte, mußt ich daran denken,
Daß diese Spieluhr wie geschaffen dafür schien,
Sie mir zum Abschied als Erinnerung zu schenken.

Verließe sie mich irgendwann,
Ging mit mir all mein Glück und dann
Blieb mir, so stellte ich mir vor,
Von allem nur dies Lied im Ohr.

Das Kästchen ist verstummt und dient nur noch zur Zier
Und um verlorne Knöpfe darin zu bewahren;
Die Feder ist vom Spielen müd', so scheint es mir,
Das Uhrwerk starb an Altersschwäche vor zwei Jahren.

Doch sie, die mir die Uhr geschenkt,
Liebt mich noch heute wie einst, bedenkt:
Das heißt, daß es noch Liebe gibt,
Die eine Spieluhr überliebt.

Vertreterbesuch

Gestern mittag um halb eins klingelt es an meiner Tür.
Ich geh' hin und mach auf, und da steht ein Mann vor mir,
Der sagt: ,,'tschuldigen Sie die Störung," und sagt ,,Guten Tag,
Komme von der Firma Lehmanns Geographischer Verlag.
Hier ist unser Katalog, wählen Sie in Ruhe aus!
Unser Slogan: ,, Lehmanns Globus gehört in jedes Haus!"
Wenn Sie mir gestatten, rat ich Ihnen Modell acht.
Wird von innen her beleuchtet und aus Plexiglas gemacht.
Maßstab ein zu hunderttausend, Vierfarbdruck für jedes Land:
Grenzen, Städte, Kolonien sind auf dem neuesten Stand.
Erläuterung und Legende liefern wir kostenlos mit.
Lieferfrist ist vierzehn Tage, woll'n Sie Teilzahlungskredit?"

Danach muß er Luft holen, und das nutz ich blitzschnell aus.
Ich sag:" Ich brauch keinen Globus, ich hab schon einen zu Haus,
Zwar von 178o, wie ich eingestehen muß,
Doch dafür ist er signiert von Doctor Serenissimus!
Er zeigt die fünf Kontinente, sieben Meer, und ich sag:
" Daran hat sich nichts geändert, bis auf den heutigen Tag!"

Wozu brauch ich die Grenzen und wozu die Kolonien,
Wenn die Mächtigen der Welt die Grenzen wöchentlich neu ziehn!
Ebenso ist's mit den Städten, weil mir niemand garantiert,
Daß nicht morgen ein Verrückter ganze Städte ausradiert!
Und wenn die Versuche glücken, sprengen die die ganze Welt!
Geb'n Sie zu, dann ist ein Globus doch nur rausgeschmiss'nes Geld!

Verstehn Sie, daß mit mir kein Geschäft zu machen ist?
Andrerseits bin ich kein rabenschwarzer Pessimist.
Eines Tages kommt der Frieden, eines Tages siegt der Verstand -
Doch bis an den Tag gehn sicher viele Jahre noch durchs Land.
Schreiben Sie in ihr Notizbuch für das Jahr zweitausenddrei:
.Nicht vergessen zu besuchen: Wegen Globus zu Herrn Mey!;

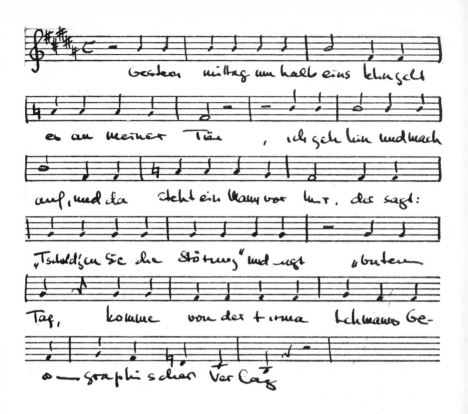

Gestern mittag um halb eins klingelt es an meiner Tür, ich geh hin und mach auf, und da steht ein Mann vor mir, der sagt: „Tschuldigen Sie die Störung" und sagt „guten Tag, komme von der Firma Lehmanns Geographischer Verlag"

Berlin

Ich trag den Staub von deinen Straßen
An meinen Schuhen heute noch mit mir herum.
Ich habe sie halt nicht putzen lassen,
Nur aus Vergeßlichkeit? Nun, ja — vielleicht darum.

In 1000 Liedern hat man dich besungen,
Da kommt's auf eines mehr nun auch nicht an;
Mein Kopf ist voll von Erinnerungen
Mehr als ich wohl in einem Lied erzählen kann!

Von Moabit bis hin nach Lichtenrade,
Vom Wedding bis hinauf nach Wittenau,
Da kenn ich Kneipen, Plätze, Fassaden
Wie jedes Loch in meinen Taschen so genau.

Da gibt es Kneipen wie vor 100 Jahren,
Da steh'n am Tresen noch die Stammkunden umher,
Die zur Eröffnung auch schon hier waren.
Da gibt es Dinge, die gibt es schon fast nicht mehr.

Da ist der Bierhahn niemals ganz geschlossen,
Da steht ein Brotkorb, und der ist für jeden frei,
Und mancher holt sich dort sein Almosen
Und ißt's im Duft von Eisbein und Kartoffelbrei.

Da gibt es Straßen voller Glanz und Flitter
Und ein paar Schritte weiter Straßen, wo
Die Tür'n verschloß'ner als Kerkergitter,
Die Pflastersteine härter sind als anderswo.

Da gibt's Fassaden, die wie damals prangen,
Und jeder Mauerstein erzählt . . . es war einmal . . .,
Als wär die Zeit dran vorbeigegangen.
Dann gibt es andere, da war das nicht der Fall.

Da gibt es Heilige und Sonderlinge,
Weltenerlöser und Propheten aller Art,
Und man hört lächelnd verworrene Dinge
Von Weltenuntergang und sünd'ger Gegenwart.

Da gibt es Wüsten aus Beton und Steinen,
Und alle Straßen darin sind gespenstisch leer,
Wie eine Fata Morgana scheinen
Noch ein paar Schrebergärten vor dem Häusermeer.

Höfe, in die sich keine Fremden wagen,
In denen immer grade irgendwas passiert,
In denen, wie hier die Leute sagen,
Man mit dem Schießeisen die Miete einkassiert.

Da gibt's von Zeit zu Zeit noch einen greisen,
Halbtauben Lumpensammler, der am Haustor schellt:
„Ankauf von Lumpen, Papier, Alteisen!" —
Schon fast ein Fabelwesen einer andren Welt.

Der Braunbierwagen fährt längst andre Lasten;
Den Scherenschleifer und den Kesselschmied,
Den Alten mit seinem Leierkasten:
Die gibt es fast nur noch in meinem Lied.

Ich trag den Staub von deinen Straßen
An meinen Schuhen heute noch mit mir herum.
Ich habe sie halt nicht putzen lassen.
Nur aus Vergeßlichkeit? Nun ja, vielleicht darum.

Da gibt's noch Seen und richtige Wälder
Mit echten Förstern drin in zünft'ger Tracht,
Da gibt's noch richtige Wiesen und Felder,
Und echte Füchse sagen sich dort gute Nacht!

Da gibt es Laubenpieper, deren Gärten
Ein Stückchen Sans-Souci, ein Stückchen Acker sind.
Vor Apfelbäumen und Gartenzwergen
Drehn unverdrossen kleine Mühlen sich im Wind.

Da gibt es Dorfau'n wie im Bilderbogen,
Auf denen spenden Gaslaternen gelbes Licht.
Da sind die Vorhänge zugezogen,
Und hinter jedem Vorhang regt sich ein Gesicht.

Ich bin Klempner von Beruf

Ich bin Klempner von Beruf.
Ein dreifach Hoch dem, der dies' gold'ne Handwerk schuf.

Denn auch in den größten Nöten
Gibt es immer was zu löten.
Immer wieder gibt es Pannen
An WC's und Badewannen:
Ich bin Klempner von Beruf.
Neulich hab' ich einen Boiler installiert,
Der hat gut und gern zwei Tage funktioniert.
Dann war er drei Tage alt
Und das heiße Wasser kalt.
Na, da hab' ich gar nicht lange repariert,
Sondern sofort einen neuen installiert.
Und da fragt mich doch der Kunde noch nachher,
Ob denn reparieren nicht doch preiswerter wär'.
Da antworte ich blitzeschnell:
„Ihr uraltes Modell
Stellt die Firma heute schon gar nicht mehr her,
Und Ersatzteile gibt's längst nicht mehr."

Ich bin Klempner von Beruf.
Ein dreifach Hoch dem, der dies' gold'ne Handwerk schuf.

Selbst in schweren Wirtschaftskrisen
Find' ich Rohre hinter Fliesen,
Ist ein Unglück anzurichten
Und ein Abfluß abzudichten:
Ich bin Klempner von Beruf.
Gestern Mittag hat ein Kunde angeklopft,
Bei ihm sei wohl ein Abwasserrohr verstopft.
Ich erneu're rasch die Dichtung,
Und dann stimmt auch schon die Richtung,
Wenn man einen Stopfen in die Röhre pfropft,
Kann es sein, daß der Rücklaufkrümmer tropft.
Doch wahrscheinlich hat ein Doppelflunsch geklemmt,
Darum hab' ich gleich die Mauer aufgestemmt
Und das Halbrundstück durchstochen
Und die Wohnungswand durchbrochen
Und die Nachbarwohnung auch noch überschwemmt.
Es gibt nichts, was einen Klempner hemmt.

Ich bin Klempner von Beruf.
Ein dreifach Hoch dem, der dies' gold'ne Handwerk schuf.

Immer werden Hähne tropfen,
Werden Waschbecken verstopfen.
Immer gibt es was zu schweißen,
Abzubau'n und einzureißen:
Ich bin Klempner von Beruf.
Letzte Pfingsten war es, glaub' ich, um halb acht,
Rief ein Mann an, völlig aufgebracht:
Bei ihm sei ein Rohr gebrochen,
Er selbst naß bis auf die Knochen,
Und das sprudelt und das gluckert und das kracht.
„Prima", sagte ich: „das wird sofort gemacht."
An einem nebligen Novembertag
Bracht' ich ihm erstmal den Kostenvoranschlag.
Noch muß er zum Keller schwimmen
Und zur Nacht sein Dach erklimmen,
Denn vor Juni tu' ich keinen Hammerschlag.
So hat jeder seine Sorgen heutzutag'.

Ich bin Klempner von Beruf.
Ein dreifach Hoch dem, der dies' gold'ne Handwerk schuf.

Es gibt immer ein paar Muffen
Abzubau'n und krumm zu buffen,
Es gibt immer was zu plantschen,
In den Hähnen zu verflunschen:
Ich bin Klempner von Beruf.
Am Freitag kam eine Reklamation,
Ein Kunde rügte die Installation,
Immer, wenn er Wasser zapfe,
Sammle Erdgas sich im Napfe,
Und klingle zufällig dann das Telefon,
Gäb' es manche heftige Detonation.
Ich löste das Problem höchst elegant,
Indem ich Telefon und Hahn verband.
Wenn es jetzt im Hörer tutet,
Wird die Küche überflutet
Und durch diesen Kunstgriff meisterlicher Hand
Ist jetzt jede Explosionsgefahr gebannt.

Ich bin Klempner von Beruf.
Ein dreifach Hoch dem, der dies' gold'ne Handwerk schuf.

Denn in Villen, Hütten, Lauben
Gibt es Muttern zu verschrauben,
Selbst auf Schlössern, alten, stolzen,
Gibt es Schellen zu verbolzen:
Ich bin Klempner von Beruf.
Gründlichsein ist jeden Klempners Pflicht.
Donnerstag war eine Leitung nicht ganz dicht.
Mit dem Anzieh'n einer Mutter
Ist das längst noch nicht in Butter,
Denn, wenn dabei eine Bogenschelle bricht,
Reduziert sich oft die Druckmanschette nicht.
Folglich habe ich vom Keller bis zum Dach
Alle Rohre neu verlegt und hab' danach
Auch den Kühlschrank noch erneuert,
Was die Sache zwar verteuert,
Aber dafür sagt mir auch kein Kunde nach,
Daß ich bei der Arbeit halbe Arbeit mach'.

Ich bin Klempner von Beruf.
Ein dreifach Hoch dem, der dies' gold'ne Handwerk schuf.

Linker Hand die Werkzeugtasche,
Zwanz'ger Schlüssel, Thermosflasche,
Rechter Hand meine Rohrzange,
So wird mir so schnell nicht bange:
Ich bin Klempner von Beruf.
Und braucht man keine Klempner mehr,
Na, dann werd' ich halt Installateur.

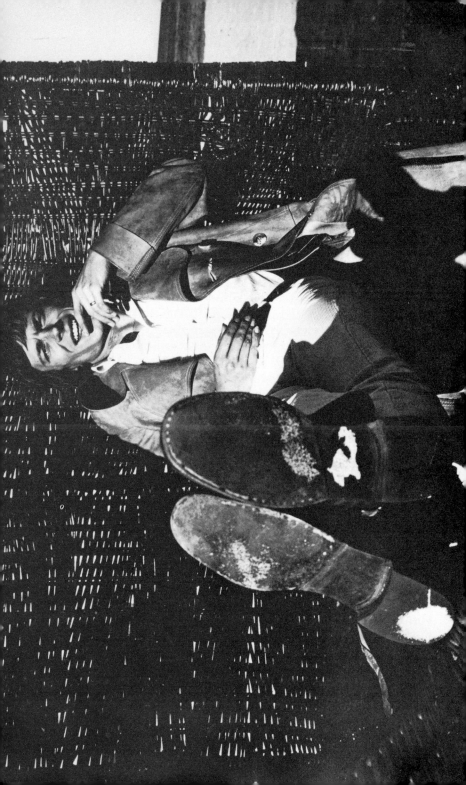

Die Ballade vom sozialen Aufstieg
des Fleischermeisters Fred Kasulzke

Fred Kasulzke hatte ewig Ärger mit dem Geld,
Doch an Einfallsreichtum fehlte es ihm nicht.
Diesmal aber war es ganz besonders schlecht um ihn bestellt,
Denn die rettende Idee erschien ihm nicht.
Bis er eines Abends lustlos vor der Fernsehröhre saß,
Tagesschau ansah und dabei Remouladensoße aß,
Dabei hat ihn dann urplötzlich ein Protestmarsch inspiriert:
Ruft 25 oo 3o, Fred Kasulzke protestiert!

Und zum erstenmal seit Jahren schaltet er vor neun Uhr ab
Und entschließt sich, heute früh zu Bett zu gehn,
Geht bis drei Uhr morgens grübelnd insseinem Bett auf und ab
Und hat schließlich einen Plan vor Augen stehn:
Wenn er Müßiggänger, Rentner, Pensionäre drillen läßt,
Kann er eine Firma gründen für gemieteten Protest,
Und am nächsten Tag ist's schon in jeder Zeitung inseriert:
25 oo 3o , Fred Kasulzke protestiert.

Um halb neun ruft zögernd die Friseurinnung an
Und bestellt einen Protestmarsch fürs Haareschneiden.
Fred Kasulzke akzeptiert und schickt fünfunddreißig Mann,
Und sein Honorar ist derzeit noch bescheiden.
Später kommt die Liga gegen Mißbrauch geistiger Getränke
Und der Ringverein gegen die Verbreitung der Panzerschränke:
Jetzt wird disponiert, geplant, ausgehandelt und kassiert -
25 oo 3o, Fred Kasulzke protestiert.

In Kasulzkes Hauptquartier stehn fünf Kolonnen bereit
Für Manifestationen und Krawall:
Pressefreiheit, Antibabypille, Verkürzung der Arbeitszeit,
Für und wider, jederzeit und überall.
Eine Truppe macht nur Sitzstreiks, eine zweite spricht im Chor,
Fackelzüge macht die dritte, und die vierte macht Terror.
Nummer 5 ist die Elite und nur drauf spezialisiert,
Wie man ausländische Botschaften mit Tinte bombadiert.

Fred Kasulzke sitzt im Glashaus, seine Stellung ist gemacht.
Und nach seiner Erfolgsidee befragt,
Hat ein Nachrichtenmagazin ein Gespräch mit ihm gebracht,
In dem er etwa folgendes sagt:
Für die Meinung Freizeit opfern , will doch heute kein Mensch mehr,
Gar bei Regen protestieren? ! Mann, wo kommen Sie denn her?
Und so ruft man, ohne daß man seine Schuhe strapaziert:
25 oo 3o, und Kasulzke protestiert.

Abschließend hat Fred Kasulzke seinen Zukunftsplan genannt
Und zeigt sich dabei als wahrer Pionier:
Er will Tochterfirmen gründen im befreundeten Ausland,
Die Werbeslogans hat er schon dafür:
If your shouting-days are through - Fred Kasulzke shouts for you!
Un coup d' fil et Fred Kasulzke manifestera pour vous!
? Rebellion o alboroto? ! Llame pronto a Frederico !
Wchny suschna , nix ersatzki? Fred Kasulzke protestatzki!

Was kann schöner sein auf Erden
als Politiker zu werden

Weil man mich zu Recht für einen Trottel hält,
Weil man mir die Mannequin-Karriere verstellt,
Weil das Mambo-Tanzen sich nun auch nicht mehr lohnt,
Weil auf dem Mambo-Königsthron bereits ein andrer thront,
Weil ich pleite, faul, gefräßig bin, entscheide ich prompt,
Daß für mich nur ein erholsamer Beruf in Frage kommt.
Und so komme ich um die Erkenntnis nicht umhin,
Daß ich wohl zum Staatsmann geboren bin.
Denn, wie sagte doch mein Vorbild, Fred Kasulzke, einmal,
Nach seinem elften dicken Immobilienskandal:
„Wer die Noten liebt, der mache Musik,
Doch wer die Banknoten liebt, der mache Politik!"

Was kann schöner sein auf Erden,
Als Politiker zu werden.
Vom Überfluß der Diäten
Platzen dir die Taschen aus den Nähten.
Du kannst dir auf leisen Sohlen
Dein Schäfchen ins Trock'ne holen.
Prost, — es lebe die Partei,
Frisch und fromm und steuerfrei.

Etwas Anständiges hab' ich Gott sei Dank nicht gelernt,
Hielt mich stets vom rechten Pfad der Tugend entfernt,
Und so steht mir, wenn ich mir meine Fähigkeiten überleg',
Einer Laufbahn als Politiker schon gar nichts mehr im Weg.
Außerdem hab' ich noch ein paar Trümpfe auf der Hand.
Mir sind vom Minister ein paar Dinge bekannt,
Durch Kasulzkes Immobilienfirma ist er mir vertraut,
Denn der hat dessen Mätresse einen Swimmingpool gebaut.
Und zum Dank und dafür, daß die Frau Minister nichts erfährt,
Hat er ihm den Auftrag für eine Sozialsiedlung beschert.
Dabei fiel für den Minister noch ein Bungalow mit an
Und Kasulzke baut noch achtzig Kilometer Autobahn.

Tja, was kann schöner sein auf Erden,
Als Politiker zu werden.
Vom Überfluß der Diäten
Platzen dir die Taschen aus den Nähten.
Du kannst dir auf leisen Sohlen
Dein Schäfchen ins Trock'ne holen.
Prost, — es lebe die Partei,
Frisch und fromm und steuerfrei.

Der Minister, der sich während jeder Sitzung schlafend stellt,
Tut, als ob er, wie die andern, nur sein Mittagsschläfchen hält,
Hat dabei die Ohren offen und verdingt sich als Spion
Bei der Rechten, bei der Linken, bei der Opposition.
Dieses Wissen bringt mir mehr als ein Hochschulstudium ein
Und beschleunigt die Beamtenlaufbahn ungemein.
Wenn dem Mann an seinem Amt liegt, und es liegt ihm sehr daran,
Dann versteht er, daß er auf mich nicht verzichten kann.
Wenn ich dann die schwere Bürde meines hohen Amtes trag',
Dann erlaub' ich mir den ersten Beratervertrag,
Kassier' von jedem Rüstungsauftrag Provision
Und beginn' eine Kampagne gegen Korruption.

Was kann schöner sein auf Erden,
Als Politiker zu werden.
Vom Überfluß der Diäten
Platzen dir die Taschen aus den Nähten.
Du kannst dir auf leisen Sohlen
Dein Schäfchen ins Trock'ne holen.
Prost, – es lebe die Partei,
Frisch und fromm und steuerfrei.

Früher hatte ich vor Wahlen noch Gewissensqualen,
Heute wähl' ich die, die am meisten dafür zahlen.
Und geht irgendwann die Fraktion baden dabei,
Dann hör' ich auf mein Gewissen und wechsle die Partei.
Unter meinesgleichen habe ich mich bestens bewährt,
Darum wird mir nächstens das Verdienstkreuz beschert,
Und ich werd' vom Papst empfangen, geadelt und geehrt
Nach der alten Devise:
Wer gut schmiert, der gut fährt.
Die Zukunft seh' ich rosig, die Kollegen schweigen still,
Weil von denen keiner vor den Untersuchungsausschuß will.
Und platzt der ganze Schwindel eines Tages, na wenn schon,
Dann geh' ich krankheitshalber frühzeitig in Pension.

Denn, was kann schöner sein auf Erden,
Als Politiker zu werden.
Vom Überfluß der Diäten
Platzen dir die Taschen aus den Nähten.
Du kannst dir auf leisen Sohlen
Dein Schäfchen ins Trock'ne holen.
Prost, – es lebe die Partei,
Frisch und fromm und steuerfrei.

Wie ein Baum, den man fällt

Wenn's wirklich gar nicht anders geht,
Wenn mein Schrein schon beim Schreiner steht,
Wenn der so hastig daran sägt, als käm's auf eine Stunde an.
Wenn jeder Vorwand, jede List
Ihm zu entgeh'n, vergebens ist,
Wenn ich, wie ich's auch dreh' und bieg,
Den eig'nen Tod nicht schwänzen kann,
Sich meine Blätter herbstlich färben,
Wenns also wirklich angeh'n muß,
Hätt' ich noch einen Wunsch zum Schluß:
Ich möcht' im Stehen sterben.

Wie ein Baum, den man fällt,
Eine Ähre im Feld,
Möcht' ich im Stehen sterben.

Wenn ich dies Haus verlassen soll,
Fürcht' ich, geht das nicht würdevoll,
Ich habe viel zu gern gelebt,
Um demutsvoll bereitzusteh'n.
Die Gnade, die ich mir erbitt',
Ich würd' gern jenen letzten Schritt,
Wenn ich ihn nun mal gehen muß,
Auf meinen eignen Füßen geh'n,
Eh Gut und Böse um mich werben,
Eh noch der große Streit ausbricht,
Ob Fegefeuer oder nicht,
Möcht' ich im Stehen sterben.

Wie ein Baum, den man fällt,
Eine Ähre im Feld,
Möcht' ich im Stehen sterben.

Ohne zu ahnen, welche Frist
Mir heute noch gegeben ist,
Ohne das Flüstern wohlvertrauter Stimmen vor der Zimmertür,
Ohne zu ahnen, was man raunt,
Zum Schluß nur unendlich erstaunt,
Wenn ich Freund Hein wie einen eis'gen Luftzug um mich wehen spür'.
Zum Abgang jenen herben, der mir so unsagbar schwerfällt,
Hätt' ich den leichtesten gewählt:
Ich möcht' im Stehen sterben.

Wie ein Baum, den man fällt,
Eine Ähre im Feld,
Möcht' ich im Stehen sterben.

Wie vor Jahr und Tag

Wie vor Jahr und Tag liebe ich dich doch,
Vielleicht weiser nur und bewußter noch,
Und noch immerfort ist ein Tag ohne dich
Ein verlor'ner Tag, verlor'ne Zeit für mich.
Wie vor Jahr und Tag ist noch immerfort
Das Glück und dein Name dasselbe Wort.
Allein, was sich geändert haben mag:
Ich lieb' dich noch mehr als vor Jahr und Tag.

Mit wieviel Hoffnung hat alles angefangen,
Wieviel Erwartung auf dem Weg, der vor uns lag.
Wir sind seitdem manch' Stück darauf gegangen,
Und doch ist der für mich neu wie vor Jahr und Tag.

Ich zähl' die Jahre, die seitdem verstrichen,
Schon lange nicht mehr auf den Fingern einer Hand,
Doch mit der Zeit ist nichts von deinem Bild verblichen,
Vermiß ich nichts, was ich liebenswert daran fand.

Wie vor Jahr und Tag liebe ich dich doch,
Vielleicht weiser nur und bewußter noch,
Und noch immerfort ist ein Tag ohne dich
Ein verlor'ner Tag, verlor'ne Zeit für mich.
Wie vor Jahr und Tag ist noch immerfort
Das Glück und dein Name dasselbe Wort.
Allein, was sich geändert haben mag:
Ich lieb'dich noch mehr als vor Jahr und Tag.

Ich habe tausendmal versucht, dich zu erlernen,
So, wie man aus einem Buch lernen kann, ich Tor,
Und sah mit jeder Lektion sich mein Ziel entfernen,
Und heute weiß ich weniger noch als zuvor.

Ich habe tausendmal versucht, vorauszusehen,
Wie du wohl handeln würdest, aber jedesmal,
Wenn ich schon glaubte, alles an dir zu verstehen,
Erschien es mir, als säh' ich dich zum ersten Mal.

Wie vor Jahr und Tag liebe ich dich doch,
Vielleicht weiser nur und bewußter noch,
Und noch immerfort ist ein Tag ohne dich
Ein verlor'ner Tag, verlor'ne Zeit für mich.
Wie vor Jahr und Tag ist noch immerfort
Das Glück und dein Name dasselbe Wort.
Allein, was sich geändert haben mag:
Ich lieb' dich noch mehr als vor Jahr und Tag.

Lachen und Weinen sind in jener Zeit verklungen,
Die in Siebenmeilen-Stiefeln an uns vorübereilt,
Und von den besten all meiner Erinnerungen
Hab' ich die schönsten, meine Freundin, wohl mit dir geteilt.
Nein, keine Stunde gibt's, die ich bereute,
Und mir bleibt nur als Trost dafür, daß keine wiederkehrt:
Viel mehr als gestern liebe ich dich heute,
Doch weniger, als ich dich morgen lieben werd'.

Wie vor Jahr und Tag liebe ich dich doch,
Vielleicht weiser nur und bewußter noch,
Und noch immerfort ist ein Tag ohne dich
Ein verlor'ner Tag, verlor'ne Zeit für mich.
Wie vor Jahr und Tag ist noch immerfort
Das Glück und dein Name dasselbe Wort.
Allein, was sich geändert haben mag:
Ich lieb' dich noch mehr als vor Jahr und Tag

Wirklich schon wieder ein Jahr?

Ist das schon so lange her?
Wirklich, schon wieder ein Jahr?
Noch weht mir der Wind von der See her entgegen,
Noch find ich Sand in meinen Hosenumschlägen
Und Dünengras in meinem Haar,
Spür' auf meinen Lippen das Meer;
Wirklich, schon wieder ein Jahr?

Wirklich, schon wieder ein Jahr?
Ist es schon wieder so spät?
Mir taut noch der Vorjahresschnee von meiner Mütze
Um meine Schuhe entsteht eine Pfütze
Auf dem gewachsten Parkett
Werd ich den Winter gewahr.

Wirklich, schon wieder ein Jahr?
Ist also morgen schon heut?
Noch schwirren vom vorigen Sommer die Mücken
Um meinen Kopf, meine Finger zerpflücken
Akazienblätter, zerstreut:
Ein wenig, von Herzen . . . ist's wahr?

Wirklich, schon wieder ein Jahr?
Die Tage hab ich nicht gezählt.
Noch raschelt verwelktes Laub unter den Schritten,
Im vorigen Herbst von der Hecke geschnitten.
Noch glimmt Erntefeuer im Feld,
Flammenlos, kaum wahrnehmbar.

Bin immer noch, der ich war,
Erwachsener werd ich wohl nicht.
Ich hab einen Jahresring mehr wie die Bäume,
Eine dickere Rinde, ein paar neue Träume
Und Lachfalten mehr im Gesicht.
Wirklich, schon wieder ein Jahr?
Wirklich, schon wieder ein Jahr?

Ist das schon so lange her?

wirklich schon wieder ein Jahr?

noch weht mir der Wind von der

See her und ge——gen, noch finde ich

Sand in meinen Hosen——um schlagen und Dü-

nengras in meinem Haar, spät auf

den Lippen das Meer. wirklich, schon

wieder ein Jahr!

Es gibt Tage, da wünscht' ich, ich wär' mein Hund

Es gibt Tage, da wünscht' ich, ich wär' mein Hund,
Ich läg faul auf meinem Kissen und säh mir mitleidig zu,
Wie mich wilde Hektik packt zur Morgenstund',
Unverdrossen von dem Schauspiel legt' ich mich zurück zur Ruh',
Denn ich hätte zwei Interessen, erstens schlafen, zweitens fressen
Und was sonst schöngeistige Dinge angeht,
Wäre ausschließlich Verdauung
Der Kern meiner Weltanschauung
Und der Knochen um den diese Welt sich dreht,
Wär' allein meinen Meditationen Grund
Es gibt Tage, da wünscht' ich, ich wär' mein Hund!

Es gibt Tage, da wünscht' ich, ich wär' mein Hund,
Und ich hätte seine keilförmige Nase
Dann erschien mir die Umwelt vor ganz neuem Hintergrund
Und ich ordnete sie ein in ganz andre Kategorien
Die, die aufrecht gehn, die kriechen
Die, die wohl, die übel riechen,
Und den Typen die nur stinken, könnt' ich dann,
Hose oder Rock zerreißen
Und sie in den Hintern beißen,
Was ich heute nur in extremen Fällen kann,
Denn ich kenn' meinen zahnärztlichen Befund,
Es gibt Tage, da wünscht' ich, ich wär' mein Hund!

Es gibt Tage, da wünscht' ich, ich wär' mein Hund
Und dann kümmerte mich kein Besuch
Kein Klatsch, keine Affair'n
Redete mir nicht mehr Fusseln an den Mund,
Um irgendwelchen Strohköpfen irgend etwas zu erklär'n,
Denn anstatt zu diskutieren
Legt ich mich stumm auf ihren Schoß,
Und sie kraulten mir zwangsläufig den Bauch,
Und sollt's an der Haustür schellen,
Würd' ich hingehn, würde bellen,
Froh, daß ich niemanden reinzulassen brauch
Und ich sagte, tut mir leid aber zur Stund',
Ist der Boß nicht da, und ich bin nur der Hund.

Es gibt Tage, da wünscht' ich mir, ich wär' mein Hund
Denn mir scheint, daß ich als er beträchtliche Vorteile hätt',
Denn ich lebte, wie ich lebte, weiter im Grund,
Esse zwar unter dem Tisch,
Doch schlief ich noch in meinem Bett,
Sparte aber ungeheuer, zahlte nur noch Hundesteuer,

Nur in Einem bin ich als Mensch besser dran,
Darum mag er mich beneiden,
Denn ich bin der von uns beiden,
Der die Kühlschranktür allein aufmachen kann
Und das sind Momente, die genieße ich,
Denn ich weiß, dann wünscht' mein Hund, er wäre ich
Denn ich weiß, dann wünscht' mein Hund, er wäre ich.

Einen Koffer in jeder Hand

Den Kopf in den Schultern, so steh' ich halbwach,
Einen Koffer in jeder Hand,
Den Bauch voller Kaffee am Morgen danach
Und ordne in meinem Verstand
Noch die Namen und Gesichter dieser Nacht und überleg':
Wie hab ' ich sie genannt?
Da ruft jemand " Höchste Zeit, Mann ", und ich mach' mich auf den Weg,
Einen Koffer in jeder Hand.

Ein neuer Tag, ein unbeschriebenes Blatt,
Ein paar Stunden auf einem Zug,
Und neue Gesichter, eine andere Stadt,
Und der Abend vergeht wie im Flug,
Und die Zeit reicht grade für eine Einwegbegegnung aus,
Kein Zurück und auch kein Pfand,
Denn in ein paar Stunden steig' ich aus einem and'ren Zug aus.
Einen Koffer in jeder Hand.

Heimkommen und Abschiednehmen zugleich,
Kein Mißverständnis, kein Groll,
Denn in einem Atemzug nur heißt es gleich:
Willkommen und Lebewohl.
Gleich, ob bitter oder süß, die Erinnerungen verweh'n
Im Staub am Straßenrand.
Es ist längst zu spät, sich noch einmal nach ihnen umzuseh'n,
Einen Koffer in jeder Hand.

Und ehe noch ein neuer Morgen anbricht,
Habe ich mich neuem zugewandt,
Vielleicht dankbar und vielleicht voller Zuversicht,
Vielleicht müde und ausgebrannt,
Als sucht' ich in jedem Ausbruch, als sucht' ich im Weitergeh'n
Ein Ziel, das ich nie fand,
Vielleicht ist es meine Art von Freiheit, schon bereitzusteh'n,
Einen Koffer in jeder Hand.
Nun, vielleicht heißt wirklich Freisein immerfort bereitzusteh'n,
Einen Koffer in jeder Hand.

Abgesang

Grauer Regen fiel zur Nacht, als sie dich nach Hause trugen.
Daß du nicht mehr aufgewacht, bringt die Welt nicht aus den Fugen.
Macht nichts, daß kein Blumenhaufen auf dich ausgeschüttet ist,
Könntest dafür doch nichts kaufen, wenn du erst da unten bist!

Keine Seele weint um dich, keine Witwe hinterlassen,
Auch die Zechkumpanen nicht, die ihr Glas jetzt fester fassen.
Darauf, daß die Tränen fließen, wartest du bestimmt umsonst,
Könntest dafür doch nichts kaufen, wenn du erst da unten wohnst!

Aus vier Brettern rohem Holz wird man dir ein Häuschen bauen,
Wär ich Gott, ich wär nicht stolz, selbst den Tod dir zu versauen!
Aber laß man, ohn' Gepränge, ohne handgestickte Pracht
Ist's da drinnen nicht so enge auf der Reise in die Nacht!

Einem Pferd, schon altersschwach, vor dem morschen Leiterwagen
Folgt ein Totengräber nach, dich im Sande zu verscharren.
Der Pfarrer konnte heut nicht kommen, er hat ja so wenig Zeit.
Bringt der Teufel halt den Frommen an den Zug der Ewigkeit!

Du hast keine Zeit gehabt, dein Testament zu verfassen,
Hast ja niemals was gehabt, hast auch nichts zu hinterlassen.
Drum hält kein Nachlaßverwalter gleich nach deinem Tod Gericht
Und sucht bei dir, guter Alter, was was wert ist und was nicht!

Schließlich, beim Jüngsten Gericht, gibt es auch das Recht der Armen,
Und das ist so übel nicht, weißt ja: Selig sind die Armen!
Hättst du Geld auch ganze Haufen, Ruhm und Ansehn, Gold und Glanz
Könntest doch kein' Anwalt kaufen zum Prozeß in der Instanz!

Im Grund macht dein Tod mich froh, denn noch schlimmer als auf Erd
Kann's beim besten Willen nicht in der Hölle für dich werden!
Und jetzt, wo sie dich begraben, tönt vom Kirchturm her Gebimmel –:
Alter Freund, mit Hölle ist's nichts, jede Wette, du kommst in'n Himme

Der alte Bär ist tot

Ich war vorhin noch einmal wie vor Jahren
Im Zoo, um nach dem alten Bär'n zu seh'n,
Für den wir sowas wie Verwandte waren,
Die auf der bess'ren Gitterseite steh'n.
Der Zoo hat ein Wildentenpaar erworben,
Ein selt'nes Exemplar vom Ijsselmeer
Und unser Bär ist vor'gen Herbst gestorben.
Der alte Bär ist tot, und sein Käfig leer.
Und unser Bär ist vor'gen Herbst gestorben.
Der alte Bär ist tot, und sein Käfig leer.

Weißt du noch, ich nahm deine Aktenmappe
voll trocknem Brot, dann kauftest du
Importhonig in einem Topf aus Pappe.
Da taucht' ich Weißbrot ein und warf's ihm zu.
Ich hätt' ihm Honig wohl auch pur gegeben,
Doch mochte er vielleicht zuckerkrank sein,
Dann bräct' ihn das am Ende noch ums Leben.
Und daran wollten wir nicht schuldig sein.
Dann bräct' ihn das am Ende noch ums Leben,
Und daran wollten wir nicht schuldig sein.

Er war so kurzsichtig, wie wir zusammen,
Sein Fell von Zeit und Motten ramponiert,
Von Schwanz bis Schnauze übersät mit Schrammen
Und allem, was den alten Bären ziert.
Wir hätten ihn gern bei uns aufgenommen,
Doch früher oder später hätten wir
Ganz sicher mit den Nachbarn Krach bekommen:
Ein Bär im Haus, zusätzlich zum Klavier,
Ganz sicher mit den Nachbarn Krach bekommen:
Ein Bär im Haus, zusätzlich zum Klavier.

Vom Eintrittsgeld zum Zoologischen Garten
Könnte man ein Raubtierhaus finanzier'n
Und mit unsern gesamten Eintrittskarten
könn't ich glatt uns're Wohnung tapezier'n.

An Bechern zähl' ich, wie oft wir dort waren,
Und bald hat er uns schon wiedererkannt,
Vielleicht an deinem Kleid, an meinen Haaren,
Vielleicht am Honigtopf in meiner Hand.
Vielleicht an deinem Kleid, an meinen Haaren,
Vielleicht am Honigtopf in meiner Hand.

Wohl manchen Becher hat er leergefressen,
Und deine Aktentasche klebt noch heut'
Und ohne ihn deswegen zu vergessen,
Haben wir ihn nicht mehr besucht bis heut'.
Uns ist irgendwas dazwischengekommen,
Und plötzlich fanden wir nicht mehr die Zeit,
Oder wir haben sie uns nicht genommen,
Nun hoff' ich nur, daß er uns das verzeiht.
Oder wir haben uns sie nicht genommen,
Nun hoff' ich nur, daß er uns das verzeiht.

Wie lange wartete er wohl vergebens
Auf seinen Honig und unsern Besuch.
Mit ihm endet ein Abschnitt uns'res Lebens
Und ein Kapitel in unserem Buch.
Den alten Burschen derart zu vergrämen,
Zu zeigen, daß es keine Treue gibt.
Ich glaube, ich sollte mich etwas schämen
Und hab' verdient, daß man mich nicht mehr liebt.
Ich glaube, ich sollte mich etwas schämen
Und hab' verdient, daß man mich nicht mehr liebt.

Jetzt ist's zu spät, um Tränen zu vergießen,
Der Bär ist längst im Bärenparadies,
Wo Milch und wo vor allem Honig fließen,
Erlöst von Gittern und seinem Verließ.
Doch wenn für tote Bären Glocken läuten,
Dann soll'n von allen Türmen rings umher
eine Stunde lang alle Glocken läuten.
Der alte Bär ist tot und sein Käfig leer.
Eine Stunde lang alle Glocken läuten.
Der alte Bär ist tot und sein Käfig leer.

Der alte Bär

Ich war vorhin nocheinmal wie vor Jahren im
Zoo um nach dem alten Bärn zu seh'n, für den wir sowas wie
Verwandte waren, die auf der bess'ren Gitterseite
steh'n. Der Zoo hat ein Wildentenpaar erworben, ein
seltnes Exemplar vom Eiselmeer und unser Bär ist
vor'gen Herbst gestorben, der alte Bär ist tot und sein
Käfig leer, und unser Bär ist vor'gen Herbst gestorben, der alte Bär ist tot und sein Käfig leer!

Die Homestory

Ich hielt den Hörer noch in der Hand,
Und als ich noch starr vor Schrecken stand,
Wurde mir erst bewußt, ich hatte soeben
Mein Einverständnis für eine Homestory gegeben,
Noch klangen unheilschwer die Worte in mir:
" Wir kommen dann am Dienstag um viertel vor vier.
Wir halten Sie auch gar nicht auf, nach anderthalb Stunden
Ist alles im Kasten, wir sind wieder verschwunden.
Wir machen ein paar Fotos von Ihnen, und dann
Erzähl'n Sie mir, wie das alles begann."

Der Dienstag kam, und um die Mittagszeit
Klingelte es, sie waren zu zweit.
Eine Dame mit dem Blick des Löffeljournalisten,
Ein Fotograf, beladen mit Koffern und Kisten.
" Wir sind wohl etwas früh, bitte stör'n Sie sich nicht,
Hm, das schnuppert hier ja ganz wie mein Lieblingsgericht.
Ich setz mich zu Ihnen, Sie können unterdessen
In aller Ruhe zu Ende essen."
Ich fragte, ob sie auch was wollten, beide nahmen an.
" Nun erzähl' Sie mal, wie das alles begann."

" Tja, das war so, " sagte ich; " Stopp mal " rief
Die Dame, " Herr Schlottke, das ist doch ein Motiv.
Sie könnten schon immer das Licht auspacken",
Herr Schlottke kaute noch auf beiden Backen,
Begann Stativ und Lampen zu installier'n,
Ohne dabei seinen Teller aus den Augen zu verlier'n.
" Also gut seh'n Sie nicht aus, " sprach die Dame, " Vielleicht
Schminken Sie sich noch ein wenig, während wir Kaffee trinken
Und vielleicht zieh'n Sie sich auch ein bißchen netter an,
Danach erzähl'n Sie mir, wie das alles begann."

Als ich wiederkam, war der Cognac niedergemacht,
Meine Frau hatte zum dritten Mal Kaffee gebracht,
Der Fotograf nicht faul, in der Rechten ein Stück Kuchen,
Begann fürs Licht eine zweite Steckdose zu suchen
Von der ersten, die er fand, zeugte nur ein schwarzes Loch,
Aus dem es ungeheuer nach verbranntem Kabel roch.
Und gleich danach schlug er behende
Für die Lampen ein paar Nägel in Türen und Wände.
" Auf die paar Löcher, " sprach die Dame, " kommt's ja wohl nicht an
Und nun erzähl'n Sie mal, wie das alles begann."

" Tja also", richtig, rief sie, " das sagten Sie schon!
Ach verzeih'n Sie, dürft' ich mal an Ihr Telefon,
Ich müßt schnell für morgen zwei Termine umbuchen.
Vielleicht könnten Sie schon mal die Vorwahl von Madrid raussuchen."
Im Wohnzimmer schrie der Fotograf,
Der beim Nageln auf der Leiter seinen Zeigefinger traf.
Im Fallen muß er den Vorhang noch ergriffen haben,
Denn er lag am Boden, von Gardinen begraben.
Die Dame sprach:" Ich ruf' noch rasch zuhause an,
Und dann erzähl'n Sie mir, wie das alles begann."

Der Fotograf hatte sich außer Gefecht gesetzt,
Und ich hoffte insgeheim: Vielleicht gehen sie jetzt.
Dabei hatt' ich nur den alten Grundsatz ganz vergessen:
Ein Journalist geht niemals vor dem Abendessen!
Und da saßen sie auch schon, die Serviette vor dem Bauch.
" So ein Arbeitstag macht hungrig, ganz schön durstig macht er auch.
Und wenn Sie zufällig an der Küche vorbeikommen,
Ich hätt' gern noch etwas von der Vorspeise genommen.
Und nach dem Nachtisch setzen wir uns rasch nach nebenan,
Und Sie erzähl'n mir dann, wie das alles begann."

Als die Dame aufstand, torkelte sie bereits leicht,
Und hätte fast noch das Sofa erreicht,
Zerbrach jedoch dabei eine antike Vase und lallte:
" Na, is' nich' so schlimm, war ja sowieso ' ne alte. "
Ein äußerst heft'ger Schluckauf begann sie zu quälen,
Zwischendurch versuchte sie, von ihrer Kindheit zu erzählen.
Der Fotograf war, wie erwartet, sinnlos betrunken,
Im Sessel röchelnd, in Tiefschlaf versunken.
Die Dame sah mich mit glas'gen Walroßaugen an
Und rülpste:" Nu erzähl'n Sie mal ....."

Ich stand auf und trug schon mal die Scherben hinaus,
Löschte leis' den Zigarettenbrand im Sofakissen aus,
Begann die Speisereste vom Teppich zu räumen,
Rief ein Taxi und weckte meine zwei aus ihren Träumen.
Die Redakteurin flüsterte, nach einem Blick zur Uhr:
" Genug getan für heute, blinder Eifer schadet nur.
Die Story ist ja schon so gut wie fertig, keine Sorgen,
Und Fotos kann ich mir aus dem Archiv besorgen."
Vier Wochen später las ich in der Illustrierten dann,
Völlig sprachlos, wie das alles begann.

Mein Testament

In Erwartung jener Stunde, die man halt nicht vorher kennt,
Nehm' ich mir Papier und Feder und beginn' mein Testament,
Schreibe meinen letzten Willen, doch ich hoffe sehr dabei,
Daß der Wille, den ich schreibe, doch noch nicht mein letzter sei.
Aber für den Fall der Fälle halte ich ihn schon bereit,
Dabei täte mir der Fall der Fälle ausgesprochen leid.

Meinen Nachlaß zu verwalten, gäb' ich dir allein Vollmacht.
So weiß ich, daß mit dem Nachlaß keiner einen Unfug macht.
Geh' zunächst zum Biergroßhändler, der schon schluchzt und lamentier
Weil er mit mir eine Stütze seines Umsatzes verliert.
Schenk ihm mal die leeren Flaschen, die bei uns im Keller steh'n.
Mit dem schönen Posten Leergut wird es ihm schon besser geh'n.
Was danach an guten vollen Flaschen noch im Keller ist,
Die vermach ich Euch, Ihr Freunde, die Ihr sie zu schätzen wißt:
Als Dank für die guten Stunden, die Ihr mir gegeben habt,
Als Dank dafür, daß Ihr heut' noch hinterm schwarzen Wagen trabt.
Ich vermach' Euch Faß und Flaschen, Euch zum Wohle, mir zum Trost.
Ich hätt' gerne mitgetrunken, leider geht's nicht, na, denn „Prost".
Alles, was ich an irdischen Gütern habe, Hund und Haus,
Vermache ich dir, meine Freundin, mache du das Beste draus.
Und erscheinen dir die Räume plötzlich viel zu eng und klein,
öffne den Freunden die Türen, und das Haus wird größer sein.
Verschenke, was du immer verschenken willst vom Inventar,
Sei mit denen, die dich bitten, großzügiger als ich es war.

Meine Träume, meine Ziele sind bei dir in guter Hand,
Die, die ich so gut geliebt hab' – wie ich es nun mal verstand.
Ich wollte die Welt verbessern, ohne viel Erfolg, scheint mir,
Mach du, wo ich aufhör' weiter, und vielleicht gelingt es dir.
Das wird dich darüber trösten, daß ich nicht mehr bei dir wohn'.
Dann werd' wieder die Glücklichste, die Schönste bist du ja schon.
Meine Verse, meine Lieder gehör'n dir ja ohnehin,
Die, die mich so sehr geliebt hat, mehr vielleicht, als ich's verdien'.
Denn durch dich hab' ich, wenn heut' schon meine letzte Stunde kommt,
Viel mehr als nur jenen Teil zum Glück gehabt, der mir zukommt.
So bedau're ich einst in jener Stunde nur, daß offenbar
Uns das Los von Philomon und Baukis nicht beschieden war.

Aber eins freut mich doch, wenn ich heut' sterbe ungeniert
Hab' ich meine Widersacher doch noch einmal angeschmiert.
Denn ich hör' die Lästermäuler Beileid heucheln und sogar
Murmeln, daß ich stets der Beste, Liebste, Allergrößte war.
Euch, Ihr Schleimer, hinterlaß' ich frohen Herzens den Verdruß,
Daß man von dem frisch Gestorb'nen immer Gutes sagen muß.

Mein Vermächtnis ist geschrieben, klaren Kopfes bis zuletzt.
Ich laß noch Platz für das Datum, den Rest unterschreib ich jetzt.
Dieses ist mein letzter Wille, doch ich hoffe sehr dabei,
Daß der Wille, den ich schreibe, doch noch nicht mein letzter sei.
Wär' er's doch, schreibt auf den Grabstein, den ich mir noch ausbeding':
Hier liegt einer, der nicht gerne, aber der zufrieden ging.

Der Meteorologe

Ich hab' keiner Fliege etwas zuleide getan,
Ich hab' weder unterschlagen noch geklaut,
Und doch nennt man mich " Tunichtgut ",schimpft man mich "Schar
Verhöhnen und verspotten sie mich laut.
Ich kann, wo ich will, hinkommen,
Nirgends werd' ich ernst genommen,
Meinen Freunden bin ich nur ein steter Grund zur Heiterkeit.
Selbst beim Bäcker und beim Schlächter
Hör ich dröhnendes Gelächter,
Der Drogist wiehert und gluckst wegen meiner Anwesenheit.
Und er zeigt mit keckem Finger auf mich hin, ja auf mich hin,
Weil ich ein Meteorologe bin.

Zugegeben, es gab hin und wieder einen Fall, da war
Das Wetter nicht ganz so wie prophezeit.
Das mit dem Schneesturm im August, das ging nicht ganz so klar,
Auch die Hitzewelle zu Sankt Nikolaus tut mir heute leid.
Dabei wies mein Augenzucken
Und mein starkes Daumenjucken
Ganz untrüglich auf ein ausgedehntes Skandinavien-Hoch.
Nun, es ging manche Prognose
Unbestritten in die Hose,
Nur einmal im September ' 68 stimmte doch
Die Vorhersage für Grönland immerhin, ja immerhin,
Weil ich ein Meteorologe bin,

Nur einmal in meinem Leben hat ein Mensch mir blind vertraut,
Sie war wie ein Frühlingsmorgen, sanft wie Hyazinthenduft,
Doch bald hat sich ein Cumulonimbus zusammengebraut,
Und in ihre Liebe brach massiv polare Meeresluft,
Denn bei Meteotologen
Wäre jedes Wort gelogen,
Und wer erstens schon beim Wetter lügt,
Dem glaubt man zweitens nicht,
Sprach's und ging aus meinem Leben
Wie ein Sonnenstrahl, der eben
Noch die Wolken von mir fernhielt und mich wärmte durch sein Licht
Sie verließ mich, aus den Augen, aus dem Sinn, ja, aus dem Sinn.
Nur weil ich ein Meteorologe bin.

Und ein Nimbostratus hängt in meinem Sinn seit jenem Tag,
Eine dicke Regenwolke, schwer und grau,
Drum ein Regenmantel, den ich auch an Sommertagen trag',
Und nicht etwa, weil ich dem eig'nen Wetterbericht nicht trau'.
Die Launen der Stratosphäre

Kosteten mich meine Ehre,
Auch die einz'ge Liebe, die ich fand,
Zerbrach zuletzt daran;
Örtlich vereinzelte starke Niederschläge,
Und so geh' ich meiner Wege,
Sprech' mit mir selbst übers Wetter,
Nur mein Laubfrosch hört mich an.
Er fühlt wenigstens, wie mir zumute ist, zumute ist,
Weil er auch ein Meteorologe ist.

Maskerade

Harlekin ist in sein Festkleid geschlüpft,
Und es glitzern die Flittern, wenn er tänzelt und hüpft.
Und die Menge am Straßenrand jubelt entzückt,
Wenn dem dürren Gerippe ein Handstand mißglückt.
Und im Taumeln verliert er das Gleichgewicht
Und die Maske vor seinem zerschundenen Gesicht.
Und die Menge schwenkt Fähnchen aus buntem Papier,
Ißt Bockwurst, Pommes-Frites, trinkt Cola — und Bier.

Halb sieben, halb sieben hinkt Kaspar daher,
Mit einem Arm nur: „Präsentiert das Gewehr!"
Halb sieben und strauchelt und fällt bei halb acht,
Und die johlende Menge hat Tränen gelacht.
Und er ruft, ob ihm denn niemand aufhelfen will
Doch es hört keiner zu, und dann liegt er ganz still
Auf dem Pflaster, das vor seinen Augen verschwimmt,
In dem Duft von gebrannten Mandeln — und Zimt.

Auf Krücken gestützt, zieht Zwerg Nase vorbei,
Wenn er taumelt, dann funkeln die Orden dabei,
Und er trägt eine Pappnase vor dem Gesicht,
Daß er seine im Krieg verlor, merkt man jetzt nicht.
Eulenspiegel, der Spaßmacher, kommt ganz zuletzt,
Narrenkappe und Kleid sind mit Glöckchen besetzt,
Und die klingeln und klirren, wenn das Fieber ihn packt,
Und Zwergnase schlägt mit seinen Krücken den Takt.

Der Krieg ist gewonnen, geschlagen die Schlacht,
Und die trunkene Menge singt, schunkelt — und lacht.
Und schließt sich dann grölend dem Siegeszug an,
Auch die Blaskapelle verstummt irgendwann.
Nur ein kalter Wind fegt den Paradeplatz leer
Und weht Fähnchen, Pappbecher, Staub vor sich her
Und läßt Bierdosen, scheppernd im Reigen sich drehn,
Wenn's am schönsten ist Freunde — dann soll man halt gehn.

Inhalt

FOLK - ROCK - BLUES - SPIRITUALS

Wollen Sie Lieder aus diesem Bereich auf der Gitarre spielen - ohne Kenntnisse von Noten?

Unsere Gitarrenschule mit Schallplatte setzt keine Notenkenntnisse voraus!

Mit unserer Gitarrenschule erlernen Sie das Spielen nach Gehör, Gefühl und Rhythmus mit Hilfe von populären Liedern. Sie enthält auch Informationen für Musikgruppen über Anlagen und Instrumente - Pickings, Bottelneck-Spielweise, Umstimmen, Hämmering, Improvisationen -.

Dieses Buch ist sowohl für den Anfänger, als auch für den Fortgeschrittenen gedacht.

GITARRENSCHULE von PETER BURSCH

lieferbar ab September 1975